성공의 10대 원리

성공의
10대 원리

1판 1쇄 발행 2012년 7월 10일
2판 1쇄 발행 2025년 8월 10일

지은이 | 데니스 웨이틀리
편역자 | 김주영
펴낸이 | 이현순
디자인 | 정원미

펴낸곳 | 백만문화사
출판신고 | 2001년 10월 5일 제2013-000126호
주소 | 서울시 마포구 토정로 214번지 (신수동)
Tel | 02)325-5176 Fax | 02)323-7633
전자우편 | bmbooks@naver.com
홈페이지 | http://www.bm-books.com

Translation Copyright© 2012 by BAEKMAN Publishing Co.
Printed & Manufactured in Seoul, Korea

ISBN 979-11-89272-47-0 (03320)
값 16,000원

*무단 전재 및 복제는 금합니다.
*잘못된 책은 바꾸어 드립니다.

The Principle

성공에도 원리가 있다!

성공의 10대 원리

데니스 웨이틀리 | 김주영 편역

인생이란 게임에는 리허설이 없다!
인생은 꿈꾸고 노력하는 대로 이루어진다.

백만문화사

머리말

성공이 확실하게 보장되는 원리

'성공'이란 무엇일까?

록펠러처럼 억만 달러를 가진 부자가 되는 것일까? 아니면 슈바이처처럼 남을 위해서 희생하는 삶을 사는 것일까?

성공의 의미에 대해서 사람마다 다를 것이며, 성공학자마다 그 의미에 대한 정의가 다르다. 그러나 분명한 것은 학생들을 위시해서 모든 젊은이들이 가장 추구하는 것이 '성공'과 '행복'이다. 이것은 미국의 젊은이들뿐만 아니라 세계의 모든 사람들이 한결같이 바라는 것이다.

그러면 어떻게 해야 '성공'할 수 있을까? 이에 대한 대답 역시 성공학자들마다 다르다. 노만 필 박사나 로버트 슐러 목사 같은 분은 정신적인 면을 강조한다. 반면에 데일리 카네기는 인간관계를 중시한다. 정신적인 면이나 인간관계 어느 것 하나 무시할 수 없는 것들이다.

그런데 두 분은 어느 한 가지를 지나치게 강조한 나머지 다른 한 가지를 덜 중요시한 면이 없지 않다고 생각한다.

그러나 필자는 두 가지 측면을 중요시하면서도 그것을 초월할 수 있는 원리가 있다고 생각한다.

성공하기 위해서는 무엇보다도 성공의 의미에 대한 확고한 성공관이 있어야 한다. 자신의 인생에서는 무엇이 진정한 성공인가에 대한 확고한 철학이 있어야 한다. 그 다음으로 중요한 것은 목표가 분명해야 한다는 점이다. 목표가 없으면 그것은 이미 성공과는 거리가 먼 인생을 살아가고 있는 것이다.

또한 사람에 대한 가치관이 뚜렷해야 한다. 우리의 삶은 한 번밖에 주어지지 않았다. 인생이란 게임에는 리허설이란 절대로 존재하지 않는다. 따라서 매순간을 진지하게 살아야 한다.

우주가 움직이는 원리가 있듯이 성공에는 원리가 분명히 있다. 그대로 하면 누구든지 반드시 성공하게 되는 원리가 분명히 있다. 이 10대 원리는 누구든지 그대로 실천하면 확실하게 성공이 보장되는 원리라고 자부한다. 필자는 이 원리가 막연한 탁상공론이 아니라는 것을 입증하기 위해서 각 원리마다 그 원리대로 움직여서 성공한 사람들을 모델로 제시했다. 문제는 필자가 본서를 통해서 제시한 원리대로 끝까지 이행하느냐 하지 않느냐에 달렸다고 본다.

독자들은 본서를 다 읽고나면 성공에 이르는 길과 방법이 눈에 분명하게 보일 것이다. 그 길과 방법에 따라 움직여 성공에 이르러 한 번뿐인 인생을 멋지게 살기를 바란다.

데니스 웨이틀리

CONTENTS

머리말 · 성공이 확실하게 보장되는 원리 … 4

PART 1. 성공의 10대 원리
    1. 인생의 확고한 목표를 가져라 … 12
    2. 삶을 변화시키는 목표와 계획 … 15
    3. 행운의 수레바퀴 … 18
    4. 목표와 계획에 대한 설문조사 … 21
    5. 목표가 갖추어야 할 조건 … 26
    6. 목표를 정할 때 유의할 점 … 29
    7. 가치관 확립이 중요하다 … 32
    8. 목표는 성공이라는 동력의 엔진이다 … 35
    '목표설정'의 원리로 성공한 사람의 이야기 | 100미터 세계 최고기록 보유자, 윌마 |

PART 2. 창의력과 상상력의 날개를 펴라
    1. 창의력의 씨앗 상상력 … 40
    2. 당신이 바라보는 대로의 당신 … 42
    3. 경험이 우리에게 알려주는 중요한 비밀 … 44
    4. 당신의 진정한 이미지 … 45
    5. 창의력을 발휘하는 조건 … 47
    6. 창의력을 발휘하기 위한 독백의 방법 … 49
    7. 성공을 위한 각본이 필요하다 … 51
    '창의력' 원리로 성공한 사람의 이야기 | 발명왕 토머스 엘바 에디슨 |

Instant Analysis

PART 3. 지식을 쌓아라
 1. 가장 큰 덕목, 진실 … 60
 2. 지식과 지혜가 삶의 질의 차이를 가져온다 … 64
 3. 자신에게 진실해야 한다 … 67
 4. 풍부한 지식과 광범위한 어휘력을 길러라 … 70
 5. 독서를 많이 하라 … 72
 6. 한 분야에 전문가가 되라 … 74
 7. 부족한 지식은 배우고 도움을 청하라 … 77
 '지식'의 원리로 성공한 사람의 이야기 | 윌리엄 대학총장 제임스 가필드 |

PART 4. 성공한 사람만이 느낄 수 있는 자존심
 1. 우리는 모든 행동의 집합체이다 … 82
 2. 창조자의 최대 걸작품은 바로 당신 … 86
 3. 자존심을 높이는 방법 … 88
 4. 자존심은 성공의 기반을 만든다 … 91
 5. 자존심은 자신의 가치를 입증한다 … 94
 6. 자존심과 힘의 관계 … 96
 자존심의 위력을 알려주는 일화 | 정체성을 찾은 독수리 |

PART 5. 인내심을 가져라
 1. 인내심은 성공의 결말이다 … 102
 2. 꿈을 실현하려면 인내심이 있어야 한다 … 105
 3. 인내심을 키워 나갈 수 있는 요건 … 110
 4. 당신은 인내심이 얼마나 강한가? … 113
 5. 타인의 의견에 구애받지 말라 … 116
 6. 돌파구는 스스로 만들라 … 120
 7. 인내심을 기르는 4단계 … 122
 인내심으로 성공한 사람의 이야기 | 맥도널드 햄버거의 비밀 |

CONTENTS

PART 6. 자기 이미지 훈련으로 성공한 모습을 그려라
   1. 정신적인 훈련이 중요하다 … 28
   2. 암시의 효과 … 133
   3. 성공의 이미지를 갖자 … 136
   4. 긍정적인 말을 하라 … 143
   '이미지 훈련' 원리로 성공한 사람의 이야기 | 중국의 유명한 피아니스트 류 쉬쿤 |

PART 7. 적응력을 키워라
   1. 혼란의 시대 … 150
   2. 오늘에 감사하고 기뻐하라 … 152
   3. 좋은 옛날이 바로 지금이다 … 156
   4. 현재의 삶에서 가치를 찾자 … 158
   5. 잃은 것보다 얻은 것을 생각하자 … 161
   6. 사소한 선택이 모여 인생이 된다 … 164
   7. 인생은 나와 시간의 영원한 승부 … 166
   적응력으로 성공한 사람의 이야기 | 욕망으로 큰 부를 이룬 록펠러 |

PART 8. 커뮤니케이션을 잘 해야 한다
   1. 커뮤니케이션의 기본 요소 … 172
   2. 공감은 커뮤니케이션의 기본열쇠이다 … 175
   3. 상대의 정신에 동조한다 … 177
   4. 커뮤니케이션에 필요한 요소, 사랑 그리고 관심 … 180
   5. 수천 마디의 말보다 가치 있는 행동을 하라 … 183
   6. 듣는 시간을 가져라 … 186
   7. 커뮤니케이션은 내부에서 외부로 … 188
   '커뮤니케이션'으로 성공한 사람의 이야기
   | 위기를 노변담화를 통해 극복한 루스벨트 대통령 |

Instant Analysis

PART 9. 반드시 이루고 말겠다는 강한 욕망을 가져라
    1. 성공은 욕망이라는 엔진이 움직인다 … 194
    2. 원하는 것과 욕구하는 것 … 199
    3. 욕망을 갖기 위한 방법 … 203
    욕망으로 거부가 된 사람의 이야기 | **자동차 왕 헨리 포드** |

PART 10. 열정의 온도가 성공의 크기를 말한다
    1. 뜨거운 열정은 감정이다 … 210
    2. 맡은 일을 열심히 한다 … 212
    3. 100퍼센트 최선을 다한다 … 216
    4. 도전 의지가 넘친다 … 219
    5. 피나는 노력을 한다 … 223
    6. 전력투구한다 … 227
    7. 숨어 있는 열정을 찾아내는 6가지 기술 … 231
    '열정'의 원리로 성공한 사람의 이야기 | **미국의 16대 대통령 아브라함 링컨** |

에필로그
지금 이 순간을 당신 자신에게 가장 진실한 순간으로 만들어라 … 235
역자 후기 … 238

... Success Principle ...

1. 인생의 확고한 목표를 가져라

평범한 사람으로 성공하기 위한 첫번째 원리는 확고한 '목표설정'이라는 사실은 모든 성공학자들이 동의한다.

목표가 없는 사람이 사는 것은 날개 없는 매와 같다. 목표가 없는 사람은 떠돌아다니는 것이지 전진하는 것은 아니다. 그런 사람은 끝내 절망과 좌절, 실패만을 맛보게 될 것이다.

인생에서 목표가 얼마나 중요한가를 나타내는 이야기로 다음과 같은 일화가 있다.

미국의 양로원에 살고 있는 노인들은 생일날이나 크리스마스와 같은 명절날 전에는 사망률이 낮다고 한다. 대부분의 노인들은 생일이나 크리스마스를 보내기 위해 목표를 세운다. 그날 멋있게 보내기 위해 계획을 짠다. 그러나 그런 기념일이 끝나고 나면, 삶의 의지가 악화되어 사망률이 급증한다. 기대하고 있던 목표가 이루어지자 실망감이 덮친 것이다.

인생에서 가치 있는 목표가 있다면 인생의 수명은 어느 정도 연장될 수 있다는 것이 위의 미국 양로원의 이야기를 통해 잘 알 수 있다. 인생에서 목표는 참으로 중요하다.

그러나 대부분의 사람들은 목표를 가지고 있지 않다. 그리하여 그들은 방랑자의 위치에서 방황하고 있는 것이다.

프랑스의 유명한 곤충학자 쟝 알리 파브로가 어느 날 벌레에 관해서 연구하다가 매우 중요한 것을 발견했다.

이 날벌레들은 우매하게도 앞에 있는 날벌레들만 졸졸 따라다닌다. 앞서가는 날벌레들만 무려 7일 동안 따라다니다가 그만 기아 상태에 빠져 질식해서 떨어져 죽는다. 그들 주위에는 먹을 것이 많이 널려 있는데도 그것들을 거들떠보지도 않고 말이다. 그들은 방향없이 앞에 있는 날벌레만 따라다니다가 굶어죽게 된 것이다. 이런 날벌레와 같은 우매한 사람들도 우리 주위에서 많이 볼 수 있다.

⏻ 목표의 의미

그럼 목표란 무엇을 말하는 것일까?

사전에 의하면 목표는 '목적' 또는 '목적지'로 되어 있다. 그것은 계획을 말하기도 한다. 당신이 학생이든, 회사원이든 목표를 가져야만 간절히 바라는 소원을 이룰 수 있다. 왜냐하면 목표는 소원의 구체적인 형태이기 때문이다.

"목표를 가진 회사 사원을 보여준다면 나는 당신에게 회사를 창립한 사장을 보여주겠다. 그러나 목표가 없는 사원을 보여준다면 나는 당신에게 영원한 말단 사원을 보여주겠다."

J. C 페니의 말이다.

만일 당신에게 산을 옮길 만한 힘이 있는데 목표가 없다면 그 힘을 나쁜 데에 사용하여 당신을 죄인으로 만들 지도 모른다. 그러나 확고한 목표가 있다면 그 힘을 목표를 이루는 데에 사용하여 인류역사에 남을 위대한 업적을 남길 것이다.

세계 최고봉인 에베레스트 산맥을 인류역사상 최초로 정복한 영국의 에드먼드 힐레리 경은 자신은 반드시 에베레스트 산 정상에 오르겠다는 확고한 목표를 가지고 매일 등산을 시작했다. 그런데 어느 날 자기가 그토록 원했던 에베레스트 산 정상에 올라와 있는 자신을 발견했다고 했다. 정확한 목표를 세우고 끊임없이 나아간다면 언젠가 인생에서 정상에 오르게 될 것이다.

··· Success Principle ···

2. 삶을 변화시키는 목표와 계획

목표는 당신이 성취하고자 하는 목적이며, 간절히 바라고 있는 대상이며, 계획은 그 목적을 달성하기 위한 구체적인 방법이다. 목표와 계획은 모두 당신의 마음속에 들어 있다.

주위를 돌아다보라. 우리 주위에 있는 모든 사물들은 어떤 사람의 마음속에서부터 시작되었다.

우리가 가정에서 사용하고 있는 컴퓨터는 빌 게이츠라고 하는 한 젊은 사람의 마음속에서부터 시작되었으며, 당신이 읽고 있는 책 역시 옛날 어느 한 사람의 마음속에서 시작된 것이다.

우리가 입고 있는 옷, 거주하고 있는 아파트, 그리고 일상생활에서 필요한 것 모두가 누군가의 생각에서 비롯되었다. 그리고 생각한 것들을 설계하고 만들어서 파는 일들은 또한 어떤 사람들의 마음속에 들어 있는 목표로 이루어진 것이다.

   행동하는 사람들은 모두 깊은 생각을 하고 있던 사람들이었다는 사실을 우리는 깨닫지 못하고 있다. 세상에 존재하는 모든 사물들을 제대로 보지 못하기 때문에 인간의 마음속에 구체화된 목표와 계획에 대해서 관심이 없는 것이다.

   오늘날의 교육은 이상하게도 학생들에게 목표를 세우고, 그 목표를 달성하기 위한 현실적인 계획을 세우는 방법에 대해서 가르치고 있지 않다. 가정에서도 부모들이 자녀가 목표를 세우도록 조언을 해주고 이끌어 주는 부모 또한 찾아보기 힘들다. 그것은 부모 자신이 그런 교육을 받지 못했기 때문이다. 인생에서 '어떻게 성공할 것인가'를 배우는 일보다 중요한 일이 어디 있겠는가?

⏻ 구체적인 계획을 세워라.

   많은 사람들이 매일, 매주 열심히 쉬지 않고 일하고 있다. 그런데 그들은 목표를 가지고 있더라도 그 목표가 모호하고 수동적이어서 제대로 그 기능을 하지 못하고 있다. 예를 들어서 목표를 물질적이거나 금전적인 것에 한정시키고 있다.

   그들은 새로운 사업, 새로운 상품만을 목표로 세운다. 물론 그러한 것들도 목표가 될 수 있다. 그런데 그러한 목표를 실현하려면 돈이 필요하다.

여기서 당신이 알아야 할 것은, 그런 물질적인 목표를 달성하기 위해서는 필요한 돈에 대해서 구체적으로 계획을 세워야 한다는 점이다.

또 어떤 사람은 목표는 있는데 잠재적인 것으로 끝나고 만다. 그들은 도저히 불가능한 목표를 세운다. 그 예로 한 가지를 든다면, 직장생활을 50세까지 하는 것으로 목표를 세웠다. 은퇴 후에 무엇을 하겠다는 구체적인 목표가 없었다.

50세의 은퇴, 그것이 대부분 직장인의 목표이다. 그러나 그 목표는 그의 남은 인생과 연계시키지 못한다. 만약 그가 그 목표대로 되었을지라도 그 목표는 그저 막연히 이루어졌다는 것을 깨닫게 될 것이다.

··· Success Principle ···

3. 행운의 수레바퀴

목표를 성취하는 데 있어서 동료나 가족, 그리고 친구들의 도움과 지지가 필요하다. 그런데 그런 도움이나 지지를 얻기 위해서는 우리는 먼저 도움을 주는 사람들에 대한 정의를 해 두어야 한다.

인생을 살아가는 데 있어서 원하는 것을 분명히 인식하고 출발한다는 것은 절반은 이미 성취되었다고 말할 수 있다.

얼마전 미국 TV게임 프로그램이 방영되어 많은 시청자들이 참가하여 웃고 우는 모습이 방영되었다. 그 프로는 '행운의 수레바퀴'라는 게임프로그램이었다.

대부분의 사람들은 TV 게임 쇼에서 행운의 수레바퀴를 돌려서 행운을 잡으려 하다가 그만 '꽝'을 맞추어서 허탈한 모습으로 집으로 돌아가는 모습을 우리는 자주 목격하게 된다. 그런데 이런 장면은 인생에서도 마찬가지로 많이 볼 수 있다.

필자는 앞에서 말한 수레바퀴와는 전혀 다른 행운의 수레바퀴를 소개하고자 한다. 이 수레바퀴는 성공을 향한 출발부터 성공하도록 미리 계획을 짜게 한다. 만일 그 원리를 이해하고 그 과정을 따른다면 누구든지 성공할 수 있다.

수레바퀴에 대해서 설명하기에 앞서 수레바퀴를 이해하기 위해서 알아야 할 용어에 대해서 설명하고자 한다.

▶ 행운 : 여기서 '행운'이란 올바른 지식을 터득한 다음 노력할 때 찾아오는 것을 뜻한다. 우리가 진정으로 무엇을 소원하고 있는가를 확실히 알고 시작하면 벌써 행운을 갖게 된 것이나 다름없다.

▶ 공포 : 현실로 나타나는 것으로 잘못된 교육에서 비롯된 것이다. 우리가 두려워하는 것의 대부분은 실제 존재하지 않으며, 또 해결하기 어려운 것들이다.

▶ 지연 : 두려움으로 인해 망설이는 것으로, 실제 공포가 존재하는 것처럼 성공에 대한 두려움이 자주 있을 수 있다.

▶ 목표 : 목표는 무엇이라고 정의를 내릴 수 있고, 토의한 다음 시작되어야 하며, 구체적 행동에 근거한 과녁으로 우리의 시야에서

미치지 못하는 것이 아니라 가능성이 있는 것으로 설정해야 한다.

📌 꿈 : 우리가 밤에 꿈을 꾸는 것은 우리가 감정상의 갈등을 해소하는 잠재의식적인 에피소드에 지나지 않는다.

📌 지배적 사고 : 일상 생활과 긴급한 일과의 충동으로 인해 목표를 소홀히 하지 않는 관념을 말한다.

📌 자아 대화 : 자기 자신과 대화를 하는 것을 말하며, 때로는 다른 사람과 나누는 대화도 포함될 수 있다.

📌 게임의 법칙 : 게임의 법칙으로는 한 가지가 있다. 여기서 말하는 행운의 수레바퀴는 게임에서 우연히 행운을 잡는 그러한 수레바퀴가 아니라 선택해야 하는 수레바퀴다. 당신의 삶은 선택에 의해서 결정되고, 선택에 의해서 보내게 될 것이다. 거기에는 휴식도 없고 대체할 수도 없다. 그리고 시계는 항상 움직이고 있다.

📌 훈련 준비 : 우리는 수레바퀴를 돌리기 전에 마음을 넓히기 위해 몇 가지 훈련을 해야 한다.

··· Success Principle ···

4. 목표와 계획에 대한 설문조사

다음의 설문조사는 당신이 목표와 그 목표를 달성하기 위한 구체적인 계획이 있는지를 알아보는 조사이다. 다음 물음에 대하여 '예스' '노'라고만 대답하라.

- 나는 계획안을 작성했는가?
- 나는 성장하고 있는 가운데 그에 따른 목표가 아닌 최초 세웠던 목표만 계속 찾고 있는가?
- 나는 버려야 할 나쁜 습관이 있는가?
- 나는 주어진 분야에서 성공에 대한 완벽한 꿈을 갖고 있는가?
- 나는 나의 목표에 대해서 언제나 긍정적으로 말하고 있는

가?
📄 나는 인생에서 내가 지금 어디로 가고 있는가를 알고 있는가?

다음 묻는 질문은 당신이 간절히 갖고 싶어하던 것이 무엇인지 정확하게 알기 위한 물음으로 상상력을 동원하라.
만일 당신의 꿈이 이루어진다면 현재 당신의 삶은 어떤 모양일까?
아래 문장을 하나씩 채워 보자.

내가 진실로 원하는 목표는 (   )이다.

📄 내게 만일 지금 많은 돈이 있다면 나는 (   )을 하겠다.
📄 나는 (   ) 한 사람이다.
📄 내가 가보고 싶은 곳은 (   ) 이다.
📄 나의 삶이 (   ) 이면 더욱 좋겠다.
📄 만일 시간이 있다면 (   ) 하겠다.
📄 새해부터 (   ) 하겠다.

이제 마지막 질문을 통해서 성공을 향해 나가기 위해 당신의 수레바퀴를 돌릴 때에 나타나는 장애물이 무엇인지 생각해 보라.

다음에 열거한 것은 원하는 것을 얻으려고 할 때 방해로 작용하는 것들이다. 당신의 활동을 제한하고 있는 것이라고 생각되는 것은 무엇인지 체크하라.

- 충분하게 받지 못한 교육
- 자본금의 부족
- 현재의 경제적 악조건
- 인플레이션
- 정부의 비협조적인 태도
- 비협조적인 배우자
- 부정적인 가정교육
- 잘못된 직업의 선택
- 너무 많은 부양가족
- 매력이 없는 외모
- 자신과 맞지 않는 회사의 시책
- 좋지 못한 사람들과의 교제
- 나쁜 신용평가
- 알코올 또는 약물 중독
- 시대에 뒤떨어짐
- 사양 산업 업종의 선택

자존심이 강한 사람들은 남의 충고를 듣지 않는다. 그리하여 동기부여를 강조하는 본서조차도 읽지 않을 것이다.

그들은 과거로 도피하려고만 정신을 집중하고 있다. 본서는 당신이 자아로 도피하려는 것보다 자아를 제대로 발견하도록 하기 위한 글이다.

위에서 제시한 것들, 즉 성공을 향한 길에 놓여 있는 장애물에 대해서 당신이 제대로 체크했는지가 중요하다. 우리는 자신에게 정직해야 한다.

당신은 원하는 만큼 교육을 받지 못했을지도 모른다. 또 당신이 속하고 있는 기업이나 단체가 당신의 뛰어난 능력을 인정해주지 않을지도 모른다. 무엇보다도 당신의 배우자가 당신을 제대로 평가하고 있지 않은지도 모른다. 그러나 문제가 무엇이든지 우리의 삶의 궁극적인 책임은 바로 우리 자신에게 있는 것을 알아야 한다.

위대한 능력을 갖고 있지 않더라도 지금 선택해야 할 일이 주어졌을 때, 당신은 먼저 과거에 선택한 결과로 오늘이 있다는 것부터 안 다음 현명한 선택을 해야 한다. 매일 결정하고 선택한 일의 결과에 따라서, 또 스스로 정한 목표에 의해서 우리의 미래가 달려 있다는 것을 분명히 알아야 한다.

자존심, 창조적인 상상력, 그리고 결과에 대한 책임의식이 우리 인생을 밝게 비추는 푸른 신호등임을 알아야 한다. 이제 어떻게 행운의 수레바퀴를 돌려야 하는가에 대해서 생각해 보자.

행운의 수레바퀴를 보면, 바퀴가 8개의 조각으로 나뉘어 있는데, 그 조각 하나 하나 속에 당신이 생각하고 있는 것들이나 아이디어를 적도록 한다.
　필자가 적은 8가지 목표 시작 아이디어 중에서 하나를 고르고, 당신이 계속 생각하고 있는 어떤 것을 선택하여 그 속에 적고, 완성해야 할 시기도 적어라.

〈그림〉 행운의 수레바퀴

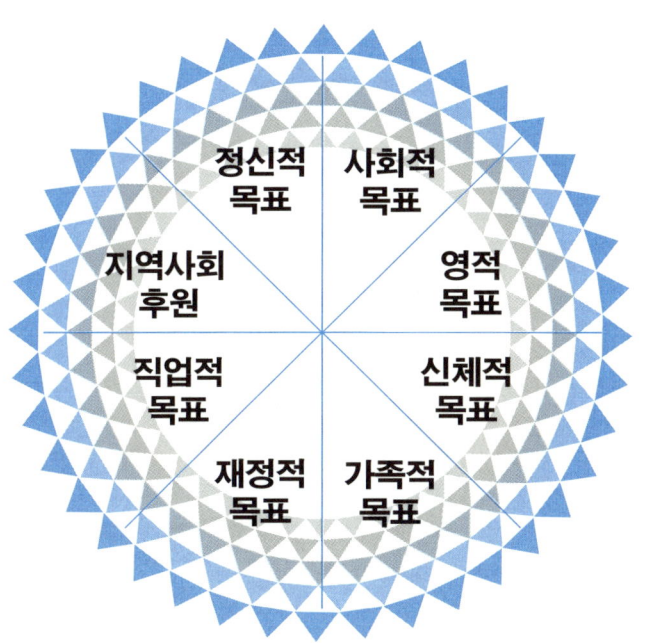

··· Success Principle ···

5. 목표가 갖추어야 할 조건

목표는 다음과 같은 조건이 형성될 때 목표라고 할 수 있다.

첫째, 목표는 커야 한다.

목표가 크면 기대도 크고, 기대가 큰 사람은 누구보다도 열심히 일을 하게 된다.

조그마한 성공으로 만족하지 않고 꾸준히 최선을 다하여 커다란 목표에 도달한 것을 알았을 때 성취감과 함께 소원이 이루어진 것을 깨닫게 된다.

'많이 요구하는 사람에게 신은 많이 준다.' 서양의 격언으로 목표가 커야 한다는 것을 말해준다.

둘째, 목표는 장기적인 것이어야 한다.

물론 단기 목표도 있다. 그러나 소망하는 것을 목표로 전환시켰을 때 그 목표는 장기적인 것이어야 한다.

장기적인 목표가 없으면 일시적인 장애나 환경으로 인해서 실망하거나 좌절을 느끼게 된다. 이런 모든 나쁜 조건들은 장기 목표가 있을 때 극복할 수 있다.

셋째, 매일 매일의 목표도 있어야 한다.

매일 매일의 목표가 없고, 장기목표만 있다면 장기목표는 환상에 지나지 않는다. 장기목표를 달성하기 위해서는 매일매일 목표를 세워서 달성하도록 노력해야 한다.

"위대한 사람이 되는 기회는 나이아가라폭포처럼 오는 것이 아니라 한 방울씩 떨어지는 물방울처럼 다가온다."

찰리 큐렌의 말이다. 매일 매일의 목표를 달성함으로써 장기목표를 이룰 수 있다는 말이다. 매일 매일의 목표를 달성하는 과정에 장기 목표가 달성되어 가고 있는 것을 느끼게 된다.

넷째, 목표는 구체적인 것이어야 한다.

구체적인 목표 없이 막연한 목표를 가진 사람은 성취할 수 없다. 그것은 목표가 아니기 때문이다.

마지막으로 실현가능한 것이어야 한다.

실현가능성이 없는 목표를 세우면 실패할 것은 당연한데, 그런 목표를 세우는 것은 실패를 변명하기 위한 방법이다. 어디까지나 자신의 능력으로 가능한 것이어야 성취할 수 있다.

··· Success Principle ···

6. 목표를 정할 때 유의할 점

어떤 구체적인 목표를 정할 때 다음과 같은 몇 가지를 유의해야 한다.

첫째, 어떤 구체적인 목표를 정했다 해서 그 목표를 끝까지 밀고 나가야 하는 것은 아니다. 목표를 바꾸는 게 좋을 것 같으면 바꾸어도 좋다.

둘째, 목표를 정했다고 해서 그 목표를 달성하기 위해서 무리하게 노력하고 싸워서는 안 된다.

목표는 우리가 편안하게 즐겁게 살 수 있도록 도와주는 것이다.
사람의 본질이 흐름과 움직임에 있다면, 목표는 우리가 갖고 있는 에너지를 쏟아부어야 할 분명한 대상과 방향을 제시해준다. 따라서 확고한 목표를 세우면 자신의 에너지를 밖으로 흘려보내 세상에 도움을 주는 일도 쉽게 하게 되고, 삶의 만족감과 행복감도 그만큼 커진다.

목표를 정하는 과정에 우리의 삶이란 매우 유쾌하고 가치 있는 게임이라는 생각을 하는 것이 좋다. 지나치게 무겁거나 진지한 마음으로 목표를 정하면 도리어 방해가 되기 때문이다. 그러면서도 목표의 중요성을 인식하고 그 목표가 자신에게 진정으로 가치 있는 것임을 깨달아야 한다.

목표를 정하는 과정에서 거부감이 드는 경험을 해본 적이 있을 것이다. 이런 기분은 우울해지면서 절망적인 기분이 들거나 목표를 정해야 한다는 생각이 강박관념처럼 자신을 억누르는 등 여러 가지 형태로 나타날 수 있을 것이다. 이런 감정적인 반응은 자신이 원하는 것을 스스로 어떤 식으로 회피하고 있는지 파악할 수 있는 실마리가 된다.

목표를 정하는 일을 지나치게 복잡하거나 무거운 일로 생각할 필요는 없다. 처음에는 간단하고 분명한 목표부터 시작한다. 그리고 살아가면서 언제든지 그 목표를 바꾸거나 수정할 수도 있음을 잊지 말자.

목표를 세우기만 하고 목표를 이루지 못했다면 그 목표가 비현실적이거나 진실로 원하지 않는 것에 목표를 정했기 때문이다. 따라서 목표는 현실적으로 항상 이루어질 가능성이 있으며, 진실로 원하는 것을 정하는 것이 바람직하다.

목표는 우리를 더 편안하고 즐거우며 의욕적으로 만들어줄 뿐만 아니라 우리의 시야를 넓혀 준다. 혹시 그런 느낌이 들지 않는다면 다른 목표를 찾아보는 것이 좋다.

··· Success Principle ···

7. 가치관 확립이 중요하다

무엇으로 인생의 목표를 정할 것인가는 그 사람의 가치관에 따라 다르다.

가치관이 어떤 것인지를 나타내는 좋은 일화를 소개한다.

전쟁이 나서 모두들 피난가기 위해서 짐을 쌌다. 그런데 부자는 집안에 숨겨 놓았던 금붙이를 싸서 들고 나왔다. 반면에 이웃에 사는 가난한 농부는 가져갈 게 없으니까 쌀을 한 푸대 싸서 등에 짊어지고 피난길을 나섰다. 부자는 무거운 쌀 한 푸대를 짊어지고 가는 농부를 비웃었다. 두 사람은 전쟁의 포화를 피해 산속으로 들어가게 되었다.

전쟁이 계속되어 두 사람은 숲속으로 계속 걸어가게 되었다. 농부는 구슬땀을 흘리면서 짊어진 쌀을 조금씩 꺼내어 먹었다.

하지만 부자는 금덩이만 싸가지고 나오느라 먹을 것을 준비하지 않았다. 시간이 얼마 지나자 배가 고프기 시작했다. 그러자 부자는 농부에게 말했다.

"내가 금붙이 하나를 줄 테니 쌀을 좀 주시오."

당시 금붙이 하나의 값을 치면 쌀 다섯 가마는 족히 되었다. 그러자 농부는 고개를 흔들었다.

그러자 부자는 화를 냈다.

"아무리 전쟁중이라고 하더라도 내가 다섯 배나 더 쳐주는데도 거절한단 말이오?"

산속을 얼마 동안 걷게 되자 이제 해가 기울어지기 시작했다. 하루 종일 굶은 부자는 배가 고파 도저히 참을 수가 없었다. 그래서 농부를 쳐다보고 말했다.

"내가 금붙이 다섯 덩이를 줄 테니 짊어지고 있는 쌀 반만 주시오."

그것은 일상 가격보다 50배나 비싼 가격이었다. 그러나 농부는 고개를 저었다.

"에끼 이사람, 아무리 전쟁중이지만 그렇게 폭리를 해도 되는 거요?"

그렇게 하루가 지났다. 부자는 배가 고파서 더 이상 참을 수가 없었다.

"내가 가지고 있는 금붙이 반을 줄 테니 쌀 한 말만 나에게 주시오."

쌀을 일상가격보다 수백 배는 되는 가격으로 쳐서 제안한 것이다. 그러나 농부는 다시 고개를 흔들었다.

"아무리 전쟁중이라고 하지만 이럴 수가 있는 거요?"

부자는 화를 벌컥 내었다. 그리고 다시 며칠이 지나자 이번에는 도저히 참을 수가 없게 된 부자는 기진맥진하여 애지중지하던 금붙이가 그렇게 무겁게 느껴질 수가 없었다. 그래서 금붙이를 땅에 던져 버렸다. 그래도 도저히 걸을 수가 없게 되어 땅바닥에 쓰러졌다. 그리고는 농부에게 하소연했다.

"여보시오, 죽게 되었으니 나에게 물 한 모금만 떠다 주시오. 그리고 먹다 남은 밥이 있으면 조금이라도 주시오."

그때서야 농부는 물과 밥을 갖다 주었다.

이것은 환경에 따라 무엇이 소중한 지를 설명해주는 일화이다.

··· Success Principle ···

8. 목표는 성공이라는 동력의 엔진이다

목표는 우리의 삶을 가동시키는 엔진이다.

모든 사람은 목표를 갖고 있다. 어떤 사람에게는 의식주가 목표가 되고, 어떤 사람에게는 그날 무사히 하루를 보내는 것이 목표가 된다.

그러나 당신에게는 〈성공〉이 목표가 되어야 한다. 오늘보다는 나은 내일을 위해 창조적인 생활을 하는 것이 목표가 되어야 한다.

상세한 기록들은 목표가 목표를 달성하게 하는 무기이다. 마음은 생명이 있는 컴퓨터이기 때문에 명확한 지시와 명령을 필요로 한다.

대부분의 사람들이 목표에 도달하지 못하는 이유는 목표를 올바르게 정의하지 않을 뿐만 아니라 목표가 무엇인지 알지 못하며 또는 성취가 확실한 것을 목표로 삼지 않았기 때문이며, 또한 목표를 심각하게 생각하지 않기 때문이다.

    다른 사람들이 관망하는 동안 당신은 행운의 수레바퀴를 잡고 지휘할 것이다. 우리는 우리가 어디로 가고 있으며, 시간이 얼마나 걸릴 것이며, 왜 가고 있는 것이며, 무엇을 계획하고 있는지, 그리고 누가 우리와 함께 모험을 감행할 것인지를 다른 사람들에게 말할 수 있어야 한다. 그때 당신과 나는 계획적으로 살아가고 있다고 말할 수 있다.

'목표설정'의 원리로 성공한 사람의 이야기

100미터 세계 최고기록 보유자, 윌마

　윌마는 4살 때 소아마비에 걸렸을 때 의사는 다시 걸을 수 없을 것이라는 절망적인 선언을 했다. 그녀의 왼쪽 다리는 안으로 굽어졌다. 왼쪽 다리를 쓸 수 없기 때문에 쇠로 만든 부목을 달고 다녔다.
　어린 나이에 "왜 내게 이런 일이 일어났을까?" 하는 분노가 그녀를 건강하게 살게 하는 발판이었으며, 또한 그녀의 형제들도 발판이 되었다.
　그녀의 언니들은 매일 다리를 안마해주었으며, 여섯 살 때 안마만으로 치료가 불가능하자 그녀는 일주일에 두 번씩 내슈빌에 갔다.
　그 결과 일곱 살 때 학교에 입학했으며, 아홉 살 때 처음으로 부목을 떼고 공공장소에 갔었다. 열두 살 때 부목을 완전히 떼게 되었으며 정상인이 되어 승리감을 느꼈으나 만족하지 않고 목표를 더 높은 곳에 두었다.

농구에 열정을 쏟다

　윌마는 클락스빌에 있는 버튼 고등학교에 입학하면서 농구부에 들어가서 모든 정열을 농구에 쏟았다. 그녀의 눈부신 활약으로 버튼 고교 팀은 한 번도 지지 않고 테네시 주 챔피언십을 획득했다. 끈질긴 투혼과 경기에서 지지 않겠다는 무서운 경쟁심으로 그녀를 장애인에서 고등학교 히어로로 만들었다.

월마는 앨러버마에서 열리는 육상경기에 참여하여 매 경기마다 뛰어난 성적을 올렸다. 그리하여 어느 누구도 그녀를 이기지 못할 것 같았다. 그러나 그녀가 생각지도 못했던 패배를 맛보게 되었다. 조지아 주에서 여자 애들에게 완전히 참패를 맛보았다. 한 번도 이기지 못했다. 그녀는 완패를 당하자 이제 육상을 그만두느냐 아니면 실패를 딛고 승리로 나아가느냐를 선택해야 했다.

월마는 다행히도 패배를 '이기는 법'으로 사용하기로 했다.

The Ten Principle
Of Success

PART 2
창의력과 상상력의 날개를 펴라

··· Success Principle ···

1. 창의력의 씨앗 상상력

"상상이 세계를 지배한다."

나폴레옹의 말이다. 또한 아인슈타인도 이렇게 말했다.

"상상이 지식보다 중요하다. 왜냐하면 지식이란 당신이 현재 알고 이해하고 있는 것에 한정되지만 상상이란 전 세계를 포함하여 알게 되고 이해하게 될 모든 것을 포함하기 때문이다."

지구상의 모든 생물 가운데 인간만이 유일하게 성공적인 생을 위한 컴퓨터의 소프트웨어 프로그램 없이 창조되었다. 곤충이나 동물, 새들은 본능적으로 그들이 어떻게 행동해야 할지를 알고 있으며 생존을 위해 무엇을 해야 할지 알고 있다. 그러나 당신은 지구상의 어떤 동물보다 더욱 복잡하고 놀라운 능력을 보유하고 있다.

동물들은 매일의 삶 속에서 고작 먹이와 거처를 발견하며 적을 피하는 한정된 본능을 갖고 있기 때문에 그들은 생존과 안전을 넘어선 어떤 목표를 갖지 않는다.

인간은 인생의 안내서로서 미리 기록된 컴퓨터 프로그램 같은 것이 없지만, 창조적이며 무한하게 상상을 할 수 있는 축복을 받았다. 이것은 건강한 정신적 가치체제 위에 부여된 건전한 역할 담당과 적극적으로 가정을 부양하는 것이 매우 중요하다는 것을 의미한다.

당신은 유랑하는 가축의 무리로 한정된 환경 속에 갇혀 있을 불운한 존재가 아니므로 인생을 안내해 줄 지도와 도표를 필요로 한다. 성공적인 사람들에게 있어 이 지도와 도표는 역할 모델 및 가치라고 불리고 있다. 그러나 성공적이지 못한 사람들에게는 오히려 벽이나 암초 같은 것으로 되고 만다

모든 사람들은 '자아' 의식 없이 태어난다. 인간은 최초에는 핵심적 메시지가 없는 CD, 즉 약간의 기록과 배경음악은 있으나 핵심적인 주제가 없는 CD와 같다. 또한 반사하지 않는 거울과도 같다. 유아기 때 먼저 감각을 통해, 그리고 언어와 관찰을 통해 당신의 CD에 기록한다.

이렇게 기록된 자기 이미지, 즉 자아에 대한 이미지가 잘 가꿔질 때 행복과 성공이 싹트고 자랄 수 있는 기본 토양이 된다. 그러나 그것이 무시되면 똑같은 자기 이미지는 낮은 성취와 이상한 행동이나 불행을 가져올 수도 있다.

··· Success Principle ···

2.당신이 바라보는 대로의 당신

"당신은 당신이 먹는 대로이다."라는 속담이 있다. 나는 당신의 가족과 동료들이 함께 나눌 수 있는 새로운 격언을 말하려고 한다. 그것은 곧 "당신은 당신이 보고 생각하는 대로이다."

오늘날 너무나 많은 사람들이 TV프로와 충격적인 영화산업, 말초신경을 자극하는 그럴 듯한 출판물로부터 정신적 양식을 섭취하고 있다. 나는 세상 사람들이 흔히 유익하다는 책들의 대부분은 정신적 건강을 해치는 '쓰레기 음식물'로 간주한다.

텔레비전은 당신의 삶을 풍요롭게 할 수 있는 놀라운 발명품이다. 인간은 텔레비전에 의해 변화되었다. 그러나 당신은 TV수상기를 제거할 수 있으나 텔레비전 프로그램의 방향을 제거할 수는 없다. TV를 통해 다양한 문화의 시계에 접할 수 있게 되었고, 지구와

외계의 생활에 대한 통찰력을 갖게 되었다.

스탠퍼드 대학 연구팀에 의해 최근에 발표된 연구결과는 '보는 것'이 상상력과 학습 패턴은 물론 행동에도 영향을 끼친다.

먼저 TV를 통해서 새로운 행동들을 접하게 되고 다음으로 그것들을 학습하게 된다. 그리고 마지막 결정적 단계에 가서 이런 행동들을 당신 자신의 행동으로 만들어 버린다.

그러나 당신은 그것에 대한 반응의 원리를 깨닫게 되기까지는 반응하지는 않는다. 다시 말해서 가치체계가 현재 일어나는 사건에 대한 의식적인 자각없이 형성되고 있다는 점에 문제가 있다.

수상기 대신에 마음의 카메라가 있고 우리 자신의 두뇌 안쪽에 있는데, 그것을 TV채널을 우리가 마음대로 켤 수 있다면 어떻게 되겠는가?

만일 당신이 자신의 프로를 편집하여 방영하고 동시에 자신의 즐거움과 미래의 방송을 위해 그것들을 비디오테이프에 담아 놓는다면 어떻겠는가?

그런데 불가능한 것 같은 이런 일을 우리는 매일 그렇게 할 수 있고 또 그렇게 하고 있는 것이다. 바로 여기에 성공의 두 번째 원리가 숨겨져 있다.

··· Success Principle ···

3. 경험이 우리에게 알려주는 중요한 비밀

완전한 성공의 두 번째 비결은 당신 마음이 실제적인 경험과 생생하게 반복적으로 상상하고 있는 경험의 차이를 분간할 수 없다는 것에 있다.

이 상상적인 경험이 갖는 비밀을 이해하는 것이 곧 인간 행동을 이해하는 근본 열쇠이다.

당신이 보는 것은 곧 얻게 되는 것이다. 우리가 삶 속에서 행동하며 성취하는 것은 실재에 따라 그렇게 하는 것이 아니라 실재에 대한 우리의 의식에 따르는 것이다.

우리가 매일매일 결단하는 것 가운데 대부분은 '진실된 것'으로서 우리 자신에 대한 축적된 정보 위에 근거를 두고 있다. 그러나 사실상 그 진실, 가족, 친구, 선지자들로부터 들은 풍문과 텔레비전에서 보고 들은 것이 결합된 것이다.

··· Success Principle ···

4. 당신의 진정한 이미지

당신은 생의 모든 순간 순간에 자신을 위해서, 때로는 자신을 반대하는 자기 이미지를 만든다. 그 자기 이미지는 판단 기능을 가지고 있지 않기 때문에 긍정적이든 부정적이든, 옳든 그르든, 안전하든 위험하든 상관치 않고 당신이 넣어 주는 믿음과 태도에 따라 행동한다.

그런 자기 이미지의 유일한 기능은 당신이 미리 넣어 둔 정보에 따라 움직이며, 마치 컴퓨터가 기억된 대로 자동적으로 작동되는 것과 같은 기능을 한다.

당신의 자기 이미지와 감각정보 대부분은 기억장치 속에 넣어 둔 CD속에 머문다. 수십억의 정보 항목들은 모두 수정되기를 기다리고 있다. 그러나 결코 그 항목들은 당신에 의해 마음대로 지워질 수 없다. 그것들을 지배하기 위해서는 더 강한 메시지로만 가능하며,

오로지 강한 메시지로서 일정 기간 동안 그것들의 영향력을 수정할 수 있다.

그러나 당신은 삶을 위해 그 정보 항목들을 모두 갖고 있다. 나를 항상 놀라게 하는 것은 뇌수술을 하는 동안의 연구보고로 연구보고에 따르면 환자들은 수술하는 동안 미세한 전극에 의해 그들의 두뇌가 자극될 때 과거의 모든 경험의 장면들을 회상할 수 있었다는 사실이다.

그들이 회상한 것은 어찌나 생생하고 분명한지 소리, 색깔, 친구, 모양, 장소, 냄새까지 세부적으로 기술할 수 있었다. 그들은 단지 기억하는 것이 아니라 경험들을 회상하는 것이었다.

··· Success Principle ···

5. 창의력을 발휘하는 조건

창의력을 발휘하기를 바란다면 생각할 때 두뇌전체를 모두 사용하는 사람이 되어야 한다.

수천 년 전의 사람들은 보다 더 감정적이며 직관적인 삶을 살았다. 그러나 최근의 인류는 연장과 전달수단을 사용하는 법을 배우면서 문제를 해결하는 데 언어나 논리 등을 사용함으로써 왼쪽 두뇌가 더욱 발달된 사회를 형성했다.

기술은 매우 놀라울 정도로 발전하여 지난 50년 발전이 그 이전의 전 역사를 통해 발전한 것보다 더 큰 것처럼 보인다. 그러나 이것은 시작일 뿐이다.

당신은 새로운 창조의 시대를 위해 많은 기회를 갖고 있다. 컴퓨터가 당신의 기계적인 왼쪽 두뇌의 기능에 대신함으로써 시간과 정신은 더 유익하게 사용될 수 있을 것이다.

당신은 과거 어느 때보다도 감정, 느낌, 사랑에 대한 기존의 생각을 초월하며 상호간의 관계도 경험할 수 있다.

당신은 수동적 텔레비전을 바라보고만 있을 것이 아니라 능동적 자세를 갖고 자신의 미래를 생생하게 그리면서 창조할 수 있다.

먼저 당신은 '성공할 수 있다는 것'을 확실하게 믿어야 한다. 그리고 나서 자신이 마치 생의 TV 다큐멘터리를 쓰는 작가처럼 성공을 생생하게 마음속에 그리며, 언어로 표현할 수 있어야 한다. 오늘 당신이 자신에 관해 어떻게 쓰고, 말하느냐에 따라 내일 당신의 계획이 어떻게 펼쳐질 것인가가 결정될 것이다.

··· Success Principle ···

6. 창의력을 발휘하기 위한 독백의 방법

당신은 자신에 대해 어느 누구보다 가장 엄한 비판자이다. 또한 당신 자신에 대해서는 어느 누구의 의견보다 당신의 의견이 가장 훌륭한 의견이다. 당신이 가질 수 있는 가장 중요한 대화는 당신 자신과 갖는 대화이다.

당신은 지금 바로 자신에게 이렇게 말하고 있다.

"나는 그대가 뜻하는 것이 무엇인지 이해하고 있으며, 그것은 지난 경험과 어떻게 비교되는지 보자. 나는 그것을 주목할 것이며…… 내일 그것을 시도해 보리라. 나는 이미 그것이 매우 좋은 예가 된다는 것을 알았고 지금 그렇게 행하고 있다."

나는 이와 같은 독백, 심리언어, 또는 마음의 언어가 특별히 자기존경과 창조성의 울타리 안에서 당신을 위해 활동하도록 스스로 조정될 수 있다고 생각한다.

당신은 잠들어 있는 순간을 제외하고는 항상 삶의 모든 순간에서 자신에게 말한다. 자동적으로 말하고 있지만, 단지 의식하지 못하고 있을 뿐이다. 당신은 자신이 겪는 사건과 그 사건에 대한 자신의 반응에 대해 끊임없이 머릿속에서 비평을 계속한다.

당신의 결정 가운데 상당한 부분이 오른쪽 두뇌에서 일어나는 무의식적인 반응의 결과이다. 그것들을 말로 표현하지 않기 때문에 당신이 보고 듣고 만지는 것에 대해 느낌이나 어떤 종류의 시각적 또는 감정적 반응을 나타내게 된다.

반면에 왼쪽 뇌는 당신이 의식적으로 말하고 행동하는 것을 문자적으로 비판하고 판단한다.

왼쪽 뇌는 또한 오른쪽 뇌에 어떻게 대항해야 하는지를 잘 알고 있다. 오른쪽 뇌는 다른 곳으로 당신의 명을 돌리게 하여 당신을 넘어뜨리게 하기도 한다.

성공을 위해서는 자신에 대해 갖고 있는 부정적인 느낌, 믿음, 태도의 대부분이 습관적인 반복을 통해 오른쪽 두뇌 속에 축적되어 있기 때문에 감정이완을 시킬 필요가 있으며 파괴적이고 부정적인 독백 대신 건설적이고 긍정적인 독백을 할 필요가 있다.

··· Success Principle ···

7. 성공을 위한 각본이 필요하다

다음의 예는, 방법은 단순하면서도 당신의 삶의 어떤 부분을 더 잘 컨트롤할 수 있도록 하기 위해 자신의 독백을 사용할 때 도움을 줄 것이다.

먼저 방해받지 않으면서 자신의 몸과 마음을 이완시킬 수 있는 시간과 공간을 선택하라.

육체적, 정신적 이완은 필수적이다. 가장 좋은 자세는 다리를 쭉 펴고 등을 곧게 하며 두 손을 당신의 옆구리나 무릎 위에 놓고 눕거나 앉은 자세이다.

그리고 라디오나 CD의 음악을 약하게 틀어 놓아라. 바하나 헨델, 비발디 등의 고전음악이면 더욱 효과적이다.

만일 CD를 갖고 있다면 템포가 느린 바로크 음악가들의 음악을 선택하라.

음악을 들으면서 자신의 목소리를 기록할 수 있는 CD가 좋다. 이 CD는 자신에 대한 자기 진술이 들어 있는데 마치 당신이 이 자기 진술 속에 들어 있는 주인공처럼 현재 시제와 1인칭으로 되어 있다. 녹음실에 갈 필요가 없다. 단지 빈 CD와 휴대용 녹음기만을 갖고 조용한 장소로 가서 첫 CD에 기록하라.

여기에 독백할 때 몇가지 진술을 열거했다. 이 진술을 독백하라고 하는 것은 자신의 건강과 자기 칭찬, 그리고 창조적 성장을 위한 것이다.

- 나의 몸은 지금 안정되어 있다.
- 나는 지금 내 몸을 조정하고 있다.
- 나는 유일하고 특별한 존재라고 생각한다.
- 나는 이 세상 어느 누구보다도 나 자신이 되고 싶다.
- 지금이 가장 살기 좋은 때이다.
- 나는 내 성취와 목표에 자부심을 가진다.
- 나는 내 모든 일에 최선을 다한다.
- 나는 내가 한 약속을 지킨다.
- 나는 나의 재정적 목표에 도달하고 있다.
- 바로 지금이 가장 행복하다.
- 나의 세계는 활짝 열려 있으며 점점 확장되고 있다.

- 나는 강하며 생명력이 넘친다.
- 나는 승리자다, 나는 승리자다.
- 나는 나 자신을 칭찬하며 존경한다.
- 오늘이 바로 내게는 최상의 날이다.

독백을 녹음할 때 평상시의 목소리로 말하라. 그 독백들은 각각 4초 정도 걸린다. 그것을 세 번 반복하라. 그리고 교대로 한 번은 명령적인 목소리로, 그리고 다음에는 부드러운 목소리로 반복하라.

조용한 음악과 함께 몸이 느슨해진 후에 독백한 녹음을 들어라. 이 때 녹음된 목소리보다 그 음악이 조금 더 커야 한다.

독백 재생은 알아들을 수 있게 하라. CD에서 흘러나오는 말을 의식적으로 들을 수 있게 하라.

그러나 CD에서 흘러나오는 말을 의식적으로 들으려고 하지 말라. 왼쪽 두뇌는 쉬게 하고 오른쪽 뇌로 하여금 음악을 즐기게 하라. 오른쪽 뇌는 그 테이프에서 들려오는 적극적인 독백을 기록할 것이며, 이미지와 느낌으로 그 말들을 지지할 것이다.

자신에 대한 마음의 그림은 당신이 건강하고 발전하는 데에 열쇠가 된다. 상상 속에서 보는 사람이 언제나 당신의 세계를 지배할 것이다.

또한 당신의 가장 위대한 비평가가 된다. 매일 성취에 대해 부정적으로 비평함으로써 자존심과 창조성을 파괴시킬 수 있다.

독백은 당신의 자아성에 의해 매순간 모니터로 감시되고 있으며 기록되고 있다.

'창의력' 원리로 성공한 사람의 이야기:

발명왕 토머스 엘바 에디슨

　토머스 엘바 에디슨은 1847년 당시 미국에서 사람들의 주목을 끌던 신도시 오하이오 주 밀란에서 태어났다. 그가 여섯 살 되던 해에 그의 가족들은 미시간 주의 포트휴런으로 이사를 갔다.
　그의 소년기는 호기심이 남달리 많아 그 호기심으로 인해서 말썽을 부리기도 했으나 당시 평범한 소년과 별로 다르지 않았다. 초등학교에 다니다가 공부가 싫어서 학교를 그만두고 집에서 교사 출신인 어머니로부터 홈스쿨링을 받은 것은 어쩌면 그에게 행운인지도 모른다.
　에디슨의 상상력이 발돋움하기 시작한 것은 당시 미국 전역을 떠들썩하게 했던 철도와 통신시설에 대한 관심을 가지면서부터였다. 이 두 가지 기술을 촉매시킨 계기는 바로 시민전쟁이었다. 시민전쟁은 사람들의 물자와 뉴스에 대한 관심을 높였고, 뉴스를 비롯하여 실시간 진행되는 커뮤니케이션에 대한 갈망이 높았다. 어린 에디슨은 철도와 뉴스비지니스를 통해 전신과 전신기사에 눈을 뜨게 되었고, 이런 기술에 대한 관심은 그의 호기심과 맞물려 전기와 기술. 그리고 발명을 향한 길로 나아가게 했다.
　4년간 전기기사로 뜨내기 생활을 하던 에디슨은 마침내 최초로 전기식 투표기록기를 만들었다. 그러나 이 발명품은 대실패로 끝나고 말았다. 기술적인 면에서는 성공이었지만, 상업적인 면에서 실패로 끝나고 만 것이다. 그가 상상했던 것과는 달리 소비자가 없었다.

이 작은 실패로 인해서 그는 큰 교훈을 얻어내었고 평생 실패하지 않게 되었다. 즉 시장이 형성되어 있고, 수요가 있는지를 먼저 확인한 후에 발명을 시작한 것이다.

에디슨의 첫 번째 4중 전신기는 1874년에 특허를 취득했는데, 그 때부터 그가 죽은 해인 1931년까지 총 1,039개의 특허 중 부수적인 발명품과 부수적인 기술혁신을 뺀 숫자이다.

에디슨은 한 번도 실험을 멈춘 적이 없다. 하지만 역사상 가장 중요한 발명품은 아직 특허를 받지 못했다. 그것은 바로 '발명공장'을 만들어 운영했던 에디슨의 아이디어, 바로 그 자체이다.

일정한 틀을 갖추고 믿을 만한 능률적인 체계 속에서도 창조적인 상상력을 고무시키고 자유를 부여하는 데에 목적을 둔 그만의 방식과 실행방법이다.

창의력을 불러일으키는 핵심축인 상상과 발명은 그 전까지 천재의 영역으로 생각돼 왔다. 하지만 에디슨은 언제 찾아올지 모르는 영감에 의존하지 않고 오히려 상상력을 구현시킬 수 있는 시스템을 만들어 영감의 주인이 되었다는 점을 우리는 기억할 필요가 있다.

많은 사람들은 에디슨을 '천재'라고 생각한다. 그러면 천재란 어떤 사람인가? 천재에 대해서 많은 사람은 이렇게 생각하고 있다. 이런 많은 사람들 중에 분명히 당신도 포함되었을 것이다.

천재란 타고난 사람이며, 천재는 창의력과 상상력의 소유자이며, 이런 천재는 세상에 극소수에 불과하며, 자신은 천재가 아니라고 생각한다.

그러면 이런 통념이 틀렸다는 것을 우리는 위에서 제시한 토마스 에디슨을 통해서 알아보자.

에디슨은 천재가 아니며 단지 천재처럼 생각하고 행동했을 뿐이다. 그가 이룩한 업적만 보면 천재라고 생각할 수 있으나, 천재라기보다 상당히 평범한 사람이었다.

그는 천재적인 발명품을 만들 수 있는 방법을 찾아내었을 뿐이다. 언제 떠오를지 모르는, 로또 같은 영감을 기다리지 않고 필요할 때마다 창의력을 발휘할 수 있는 방법을 고안해 내었던 것이다.

그의 직업 자체가 천재성을 요구했으며, 에디슨 스스로는 밥벌이에 만족하지 않았기 때문에 항상 새로운 것을 상상하고 창의성을 발휘했다.

앞에서 언급했지만, 에디슨은 그가 사망하기까지 63년 동안 무려 1,039개의 발명품을 만들어 특허를 얻었으나 숫자를 떠나서 그가 인류에게 끼친 위대한 업적은 어느 누구도 따라갈 수 없을 정도이다. 그의 발명품들은 그야말로 획기적인 것이었으나 가장 중요한 사실은 그의 창조 프로세스 자체에 있다. 에디슨은 상상력을 끌어당겨 발명에서부터 상업화에 이르기까지의 모든 과정을 기록하였으며, 또한 그 기록을 공개하였으며, 일기를 통하여 그의 창조 과정은 물론 삶의 변화에 이르기까지 모든 프로세스를 전세계 사람들이 알 수 있으며 연구하도록 하였다.

에디슨의 일기와 기록을 통해서 우리가 알 수 있는 것은 99%를 해당 연구에 집중하고 몰두하였으며 동시에 관련주제에 대해서 폭넓게 연구하고 체계화하였다는 점이다. 한 마디로 말해서 에디슨은 순간적으로 떠오르는 영감에 의해서 그렇게 많은 발명과 상업화를 이룬 것이 아니라, 체계화된 연구를 통해서 몰두하고 집중하여 얻은 결과라는 점이다. 따라서 그는 천재도 아니지만, 그의 작업과 작업과정이 천재였다는 것이다. 즉 그는 천재처럼 생각하고 천재처럼 행동하였다는 것이다. 따라서 당신도 그렇게 생각하고 행동하면 에디슨처럼 될 수 있다는 것을 에디슨은 보여주고 있다.

The Ten Principle Of Success

PART 3
지식을 쌓아라

··· Success Principle ···

1. 가장 큰 덕목, 진실

고대 로마에서 조각가는 인기 있는 직업이었다. 만일 집에나 일터에 단 몇 점의 조각품이라도 없다면 당신은 조각가의 부류에 끼지 못할 것이다.

모든 직업이 그런 것처럼 이 조각법에도 좋고 나쁜 성질이 있다. 가끔 조각을 하는 가운데 조각가의 실수가 생기곤 하는데 흠집이 생기는 곳에는 왁스로 메워 고친다. 왁스로 흠을 없애는 조작가의 솜씨가 너무나 훌륭해서 대부분의 사람들은 그 흠을 발견할 수가 없다.

강한 집념이 있는 사람이 있다면 조각품 중에서 질이 좋은 조각품을 구하려면 광장에 있는 조각 시장에 가서 사이니 케러, 곧 '왁스를 바르지 않음'이라는 간판이 걸린 가게를 찾아야 한다. 사이니

케러 가게에서만 진짜 조각품을 발견할 수 있기 때문이다.

당신은 진짜 조각품을 구하려는 사람처럼 인생을 살아가는 동안에도 진짜 조각품을 구하듯 진실된 사람들을 찾고 있다.

당신이 사람에게서 찾고 있는 덕목보다 중요한 덕목은 왁스가 발라져 있지 않은 '진실'이라는 덕목이다.

지혜란 경험을 통해 얻은 지식과 진실이 조화된 것을 말한다. 지혜는 행동하는 진실된 지식이다. 시대를 초월하여 사람의 진실이나 거짓의 결과 속에 나타나는 사실을 설명하는 것으로는 인과응보의 법칙에 대한 예보다 더 좋은 예는 없다.

정직 없이는 어떤 성공도 있을 수 없다. 방법, 장소, 시간을 막론하고 왁스로 흠을 감춘 집이나 사람은 결국 점차 변하여 거짓을 드러내고 말 것이다.

어떤 정치가가 중요한 공공 직책에 입후보할 때 그의 지지자들은 그가 유세하는 동안이나 그의 재직 동안에 다시 되돌아올는지도 모르는 과거의 '비밀'을 미리 막으려고 애쓴다.

오늘날 많은 소매업이 정직한 판매사원과 직원들을 선발하는데 거짓말 탐지기에 의존할 수밖에 없다는 것은 참으로 슬픈 일이다.

미국에서는 정직과 성실 대신 편의주의가 중요시되고 있다. 당신이 만일 돈과 자료만 갖고 있다면 당신은 고등학교나 대학의 시험지를 살 수 있다. 즉 당신은 당신 대신 시험을 치러줄 대리자를 살 수도 있으며 학사, 석사, 박사의 학위마저 살 수도 있다.

그러나 명성과 존경은 살 수 없다. 이것들은 사고 팔 수 있는 것이 아니다. 이것들은 정직으로만 얻을 수 있는 것이다. 이것들은 요구한다고 해서 또는 얻을 기회가 왔다고 해서 얻어지는 것이 아니다. 존경이나 명성은 왁스로 위장될 수 없다.

나의 여섯 자녀들에게서 가장 요구했던 것은 무엇보다도 '정직'이었다. 어려서부터 가르친다면 정직은 쉽게 사라질 수 없다. 그것은 당신 존재의 일부가 되고 행동양식의 일부가 된다. 더욱이 정직은 인간 존재로 살아가는 과정 속에서 성공을 보장해 준다.

당신은 길가에서 돈이 가득 들어 있는 지갑을 주웠을 때 어떻게 하겠는가? 이와 같은 질문을 학생들에게 했을 때 대답을 살펴보면 아마 놀랄 것이다.

"그 속에 돈이 얼마나 들어 있느냐의 여부에 달려 있습니다."

"나는 그 지갑을 주워서 신문 광고를 통해 알리겠습니다. 그래도 주인이 나타나지 않는다면 내가 가지겠습니다."

"나는 그 지갑을 주워서 그대로 주인에게 돌려 주겠습니다."

만일 당신과 내가 길거리에서 많은 돈이 들어 있는 지갑을 발견했다면 당신도 그 지갑의 주인으로 확인된 사람을 찾아서 지갑에 손대지 않고 그대로 되돌려 줄 것인가. 당신은 감사 외에 어떤 보상도 기대하지 않을 것이다. 이것이 바로 당신이 지갑을 잃어버렸을 때 기대하는 것이 아닌가?

그렇다. 당신은 모든 관계속에서 정직을 추구한다. 당신 자신의 뿌리 깊은 가치가 결코 흔들리지 않는 한 아무리 당신의 일상적인 만남 속에서 정직한 대우를 받지 못한다 할지라도 결과는 당신에게 유익할 것이다. 이는 생의 원리들 가운데 하나로서 가장 분명하고 기본적인 것이나 불행하게도 가장 알려지지 않은 원리이다. 좋은 행위는 때가 되면 좋은 열매를 맺는다.

··· Success Principle ···

2. 지식과 지혜가 삶의 질의 차이를 가져온다

캘리포니아대학교(UCLA) 두뇌연구회에 따르면 창조하고 기억하며 학습할 수 있는 인간 두뇌의 잠재능력은 실제로 무한하다고 한다.

인간 두뇌에 대해서 영향력 있는 러시아 학자 이반 이예프레모프는 "당신은 전 생애를 통해 두뇌의 극히 일부분만을 사용하고 있다. 두뇌를 제대로 사용하면 별 어려움 없이 40개 국어를 배울 수 있으며 커다란 대백과사전을 암기할 수 있다."고 말했다.

이것이 사실이라면 왜 많은 사람들은 더 많이 배우지 않고 그들의 생을 통해 많은 일을 성취하지 않는가? 명백한 이유는 그들은 그만한 시간과 노력을 기울일 만한 가치 있는 일을 갖지 못했다는 것이다. 이것은 천박한 자존심이 파괴적인 성장 억제를 초래하게 하는 이유가 된다.

그러나 나는 많은 사람들이 많은 학습과 성취를 하지 않는 중요한 이유는 게으름에 있다고 생각한다. 사람들은 필요 이상의 어떤 것에 도전하는 것에 반감을 갖고 있다.

지식을 얻을 수 있는 유일한 길은 '공부'이다. 대부분의 사람들에게 있어 공부는 마치 세금을 지불하는 것과 같거나 치과의사에게 가는 것과 같다. 이런 것들은 사람들이 아주 싫어하는 것으로 마지못해 강제나 의무에 못 이겨 하는 것들이다. 대부분의 사람들은 졸업식날이 공부가 끝난 날로 생각한다.

미국은 전 세계에서 가장 많은 교육적 자료를 자유롭게 공급했다. 우리의 도서관과 대학은 모든 문제에 관한 충분한 자료들을 갖고 있는데 이것들은 매일 밤마다 30분 가량의 시간만 기울인다면 자료를 활용하는 사람들은 지성적으로 성공적으로 만들 수 있다. 이것은 일본이 세계의 경제 및 과학 대국으로 성장할 수 있었던 이유이다.

일본인은 교육에 계속적인 우선권을 두었다. 그들은 당신이 별 하릴없이 무료하게 시간을 보내는 데 사용한 텔레비전의 95%를 생산하고 있다.

유명한 경영학자인 피터 드루커는 우리에게 다음과 같이 충고한다.

오늘날에 있어 지식은 힘을 갖고 있다. 지식은 기회를 제공해 주며 발전할 수 있는 길을 열어 준다. 과학자들과 학자들은 과정에 있는 것이 아니라 정상에 이르렀다.

그들 대부분은 방위나 경제와 같은 중요한 분야에 있어 어떤 정책이 운영되어야 할 것인지를 결정하고 있다. 그들은 대부분 젊은이의 성장을 책임지고 있다. 배운 사람들은 더 이상 가난하지 않다. 반대로 지식 사회에 있어 진정한 자본가들이다.

컴퓨터가 타이프 계산기를 대신하고 정보혁명이 서류정리제도를 대신함에 따라 지식과 정신적 능력을 가진 사람들이 더 많은 힘을 가질 수 있게 되었다.

산업혁명이 제조 경험과 자료 경험을 가진 경영자를 따르도록 요구하였으나 정보혁명은 훌륭한 기술교육과 재정에 관한 교육을 받은 '지성적 기업가'를 요구하고 있다.

나는 라욜라에 있는 실크 생물학회의 회원으로 있는 동안 고 야콥브로나우스키 박사의 강의를 들을 수 있었다. 그는 탁월한 수학자이면서 철학자로 '인간의 향상'이라는 책을 쓴 사람이다.

나는 지금까지도 그의 강의를 기록한 노트를 갖고 있는데 그는 강의에서 이렇게 말했다. '지식은 사실을 맘대로 뺐다 끼웠다 할 수 있는 루우스리이프식 노트가 아니다. 지식은 당신의 현존 상태에 대해 성실하게 책임을 지고 있는 것이다. 만일 당신이 당신을 위해 다른 사람들을 이용한다면 당신은 그 성실성을 유지할 수 없을 뿐만 아니라 옛 선조의 낡은 지식에 따라 사는 삶을 계속하게 된다.'는 점을 지적했다.

··· Success Principle ···

3. 자신에게 진실해야 한다

우리의 삶은 많은 생각과 행동, 그리고 느낌으로 이루어져 있다. 우리의 생각과 경험은 끊임없이 우리의 기억 창고를 형성하는데 누구나 효과적으로 사용할 수 있다. 우리는 자신들의 지식을 쌓아가는데 그 깊이와 명료성에 있어 서로의 차이를 보여주고 있다.

가장 위대했던 현인들 중의 한 사람으로 우리 속에 항상 살아 있는 소크라테스는 '지식은 하나의 선이며 무지는 하나의 악이다' 라고 말했다. 그는 또한 우리 각자는 강한 개성과 많은 인격적 덕을 쌓아야 한다고 생각했다.

윌리엄 셰익스피어는 〈햄릿〉에서 우리의 개인적으로 이러한 차이를 인식해야 하는 책임에 대해 설명하였는데, 그는 폴로니우스로 하여금 '무엇보다도 이것을 알라. 즉 당신 자신에게 진실하라. 밤이나 낮이나 당신은 다른 사람에게 악을 행할 수 없다는 것을 알라.'고 충고하였다.

셰익스피어가 말하려는 요지는 '그것이 좋다고 느껴지면 그것을 행하라.'는 것이 아니다. '당신이 로마에 있을 때 로마 사람들이 행동한 것처럼 꼭 행동하지 않아도 된다.'는 것이다. 당신은 정신적 확신과 성실과 당신의 사회적 양심에 따라 살아야 한다는 뜻이다. 이것이 자신에게 충실하는 것이며 다른 사람들의 권리를 존중하는 것이다.

우리 모두는 자신의 운명을 추적하기를 원하며 우리 자신의 방법으로 우리의 생을 살기를 원한다. 그러나 우리는 전생을 통하여 우리가 10대 때 부딪쳤던 것 같은 딜레마에 빠져 있는 것을 발견하게 된다.

우리는 우리의 삶을 어떻게 살기를 원하는가? 우리는 무엇을 선택할 것인가? 우리는 우리의 생을 어떤 의미로 채우고 우리가 찾는 모험과 보상을 얻기 위해 무엇을 할 수 있는가? 우리가 정당한 목표나 바른 길을 택했다는 것을 어떻게 알 수 있는가?

이러한 물음들은 중요한 물음이다. 결코 가볍게 취급해서는 안 된다. 우리는 우리의 부모님이나 교수 또는 우리의 친구들이 우리가 걸어가야 할 길을 결정토록 해서는 안 된다. 우리는 경제적인 문제가 우리의 모든 결정을 좌우하게 해서는 안 된다. 우리가 자신에 진실할 수 있기까지에는 할 단계가 있다.

우리가 의미 있는 목표와 생의 목적을 발전시키기 전에 주시해야 할 출발점이 있다. 그것은 닭과 달걀의 문제와 같은 것이다. 대부분의 사람들은 닭으로부터 시작한다. 즉 일로부터 시작한다. 그러나 우리가 달걀, 즉 지식으로부터 출발한다면 우리는 보다 더 확실한 성공을 기약할 수 있다. 대부분의 사람들은 일생의 사업보다 그들의 취미에서 시작하거나 동기를 얻는다.

··· Success Principle ···

4. 풍부한 지식과 광범위한 어휘력을 길러라

    내가 이 장에서 강조하는 것은 적성검사와 그것이 사람들의 일상적인 삶 속에서 경험하는 성공을 결정하는 데 어떤 가치가 있는가에 대한 것이다. 50년에 걸친 인간공학 연구는, 성공을 위해 가장 중요한 적성은 세계 인구의 95%에게는 감추어진 신비라는 사실을 지적해 주었다.

    지식은 내일의 미개척 영역이다. 두뇌는 직접적으로 근육을 지배한다. 육체적 생존을 위한 투쟁은 기술 진보의 몰락 와중에서 지성적 생존을 위한 투쟁만큼 그렇게 철저하지 않을는지 모른다. 어떤 문제를 해결하기 위해 서로 협동하는 과정 속에서 생기는 중요한 문제는 자신의 생각을 언어로 표현하는 능력이 있느냐 하는 것이다.

    완전한 성공을 위한 세 번째 비결은 폭넓은 지식을 갖고 있으며,

풍부한 어휘력을 갖고 있는 것이다. 이것은 직업과는 아무런 상관이 없다.

    교육과 관계없이 대부분의 사람들은 평소 그들 대화에서 80% 이상을 대략 4백 개의 단어에 의존하고 있을 뿐이다. 우리말 사전에는 45만 이상의 단어가 있지만 당신은 같은 단어만을 반복해서 사용하고 있다. 만일 당신이 매일 새 단어 10개 이상을 1년 동안만 학습한다면 세계에서 가장 유식하며 말 잘하는 사람이 될 수 있을 것이다.

··· Success Principle ···

5. 독서를 많이 하라

독서는 지식을 늘리며 더 많은 어휘력을 기르는 데 가장 좋은 방법이 된다. 미국에 거주하고 있는 사람 가운데 5%만이 1년에 책 한 권을 사서 읽는다고 한다.

당신은 배우기를 계속하는 한 당신의 천부적 재능에 대한 지식을 더 많이 얻게 될 것이며, 그것들을 유익하게 발전시킬 수 있는 기술을 습득하게 될 것이다.

그리고 독서를 많이 할수록 당신의 생각을 더욱 분명하게 나타낼 수 있을 것이다. 또한 당신의 성공을 도울 수 있는 최상의 역할 모델을 추구하게 되며 또한 알게 될 것이다. 당신이 교육을 받는 만큼 당신은 더욱 행복하게 될 것이다.

이것은 토머스 울프가 〈직물과 바위〉에서 말한 바와 같이 "우리가 재능을 가지고 있으면서도 그것을 사용할 수 없다면 그것은 곧 실패와 마찬가지다. 또한 그 재능의 발단을 사용한다면 우리는 부분적으로 실패한 것이나 마찬가지다. 그러나 어떤 재능을 발견하고 그것을 사용하는 다른 방법을 학습했다면 이는 영광스러운 성공을 쟁취한 것과 같다. 그리고 누구도 알 수 없는 승리와 성공을 얻게 될 것이다."

당신은 지혜가 당신이 알고 있는 단어 수에 달려 있는 것이 아니라 당신 자신을 다른 사람들에게 표현하는데 그것을 어떻게 사용하느냐에 달려 있다는 것을 알고 있다. 또한 지혜는 당신 재능에 대한 솔직한 평가와 그것들을 가장 완전하게 사용하려는 결정에 달려 있다.

당신은 이 지혜를 당신 자녀들과 당신의 동료들에게 적용한다. 당신은 매일 이 지혜로 산다. 지혜로의 그 길을 결코 중단하지 말라.

당신이 진정 성공을 원하고 좀더 나은 성공을 원한다면 지혜를 쌓는 것은 필수적이다. 지혜 없이 결코 성공할 수 없는 것이다.

··· Success Principle ···

6. 한 분야에 전문가가 되라

오늘날처럼 복잡하고 변화가 빠른 시대에 무지로 인해서 위기를 자초하는 경우가 많다. 따라서 자기가 종사하는 분야에 대해서는 물론이고, 여러 방면에 걸쳐 최소한의 기본 지식을 요하기도 한다.

명화 '모나리자'를 그린 리오나르 도 다빈치는 화가이자, 조각가이며, 발명가, 건축가, 식물학자, 도시계획가였다. 또 인류 최초로 비행으로 기록된 라이트 형제의 비행기 설계도 다빈치에 의해서 처음으로 이루어졌다. 그와 동시대를 살았던 미켈란젤로도 '천지창조'와 '최후의 심판'을 그린 화가이며, 유명한 '다비드 상'을 조각한 조각가이며 건축가이고, 시인이었다.

미국 건국의 아버지인 벤자민 프랭클린도 정치가이며, 발명가이고 작가이고 화가였다. 또 2차 대전을 승리로 이끈 영국의 처칠도 정치가이며 노벨문학상을 받은 문인이었다.

　이처럼 여러 방면에서 놀라운 업적을 쌓은 사람을 '르네상스' 형 인간이라고 한다.

　르네상스형 인간은 한 가지뿐만 아니라 다양하게 관심을 가지고 있으며, 열정적으로 추구하는 사람을 말한다. 생소한 주제나 낯선 상황에서도 두려워하지 않고 도전하는 사람들이다.

　오늘날과 같은 복잡한 시대에 어느 한 분야만 뛰어난 지식이 있다고 해서 성공할 수 없다. 또한 위기 역시 예기치 않게 이외의 일에서 생기는 경우가 많기 때문이다. 자기 전문 분야 아닌 것에서 문외한이 되어서는 위기를 극복할 수 있는 지혜를 얻을 수 없다.

　오늘날에는 르네상스형 인간이 되어야 한다. 자신의 분야뿐만 아니라 다른 분야에도 관심을 가진 사람이 필요하다. '이 분야는 내가 전문가가 아니니까 당신 의견대로 하지.' 하는 사람이 조직에서나 기업에서 큰 일을 맡게 되면 일을 망치게 되며, 위기가 닥치면 해쳐 나갈 수 없다.

　미국은 남북전쟁이 끝나면서 분열의 시대를 지나 통합과 다양화의 시대이다. 따라서 전문가의 의견만으로는 조화되지 못하는 경우가 많이 생긴다. 그리고 전문가도 자기 분야를 넘어 다른 분야에 대한 관심과 지식을 가지고 있어야 진정한 인재가 된다.

　전문가는 특정 분야의 지식과 경험이 많아 순식간에 남이 못 보는 것을 잡아내는 능력이 있다. 자신만의 전문적인 인식 방법이 있기 때문이다. 그러나 이러한 인식 방법 때문에 같은 전문가라도 동일한 사안에 대해서 다른 결론을 내리는 경우가 많으며, 일반적으로 넓은 시야를 가지고 보면 결론을 내지 못하는 경우가 많다. 이렇게 전문가들이 내린 결론만으로 시행에 그릇된 결론이 나왔을 때 '전문가의 저주'라고 한다. 이런 저주는 특히 위기 상황 때 더욱 자주 일어나게 된다. 그것은 위기 상황을 맞아 냉정함을 잃고 위기만 모면하려는 편협한 생각을 하기 때문이다.

··· Success Principle ···

7. 부족한 지식은 배우고 도움을 청하라

사람이 모든 것을 알 수 없다. 필요한 지식은 너무나 많고 지식이 요구되는 상황은 너무나 다양하다. 따라서 자신이 모르는 분야에서 어떤 난처한 상황을 만났을 때 그 위기를 해결하기 위한 지식을 모두 가지고 있기가 쉽지 않다. 따라서 위기를 헤쳐나가기 위해서 필요한 지식이 부족하고 또 방법을 모를 때, 모른다는 것을 인정하고 배움을 청해야 한다.

사실 사람은 누구나 자존심이 있으므로 모른다는 사실이 밝혀질 때 무시당해 상처를 입지는 않을까 그냥 아는 척 넘어가기 쉽다. 그러나 그렇게 했다가는 정말로 인생에서 성공자나 승자가 될 수 없다. 성공하기 위한 지혜와 방법을 몰라서 패하는 경우가 많기 때문이다.

모른다고 말하고 도움을 청하면 그 사람으로부터 당신이 모르고 있던 것을 알게 되고, 위기를 해쳐 나가기 위한 지혜와 지식을 구하게 된다.

사람이 아무리 똑똑하고 재능이 뛰어날지라도 모든 일에 해박한 지식을 갖출 수 없으며, 모든 일을 해결할 수 있는 능력을 가진 사람은 없다. 따라서 어떤 상황에서는 독단적으로 처리할 수는 없다. 역사적으로 위기를 극복하고 위기를 기회로 만든 위대한 사람들은 거의가 독단적으로 일을 처리하지 않았다. 조언이나 도움이 필요한 경우 혼자만의 힘으로 해결하겠다고 끙끙거리며 애를 쓰지 않고 그에 적당한 사람을 찾아내어서 그에게 조언이나 도움을 청했다.

여러 사람의 힘을 자신의 일에 동참시키면 그 사람에게서 위기가 남의 일이었던 것이 자기의 일이 되어 더 많은 관심과 우호적 지원을 받게 되고, 나중에 위험도 분산할 수 있다. 사람은 누군가의 위기에 자신이 도움이 되고 힘이 되어 위기를 극복하게 되면 큰 기쁨을 느끼게 되며, 누군가가 도움을 요청하면 자신을 믿어준다는 생각에 오히려 즐겁게 도와준다.

'지식'의 원리로 성공한 사람의 이야기:

윌리엄 대학총장
제임스 가필드

　미국 제20대 대통령 제임스 가필드는 가난한 집안에서 태어나 학교에 다녔으나 책을 살 수 없었다. 그런 그를 바라본 그의 어머니는 항상 미안한 마음으로 가필드에게 말했다.
　"얘야, 내가 애미 노릇을 못하는구나."
　그러면 가필드는 어머니를 위로했다.
　"어머니, 걱정 마세요. 반드시 훌륭한 사람이 될테니까요."
　"그래, 훌륭한 사람이 되어 남을 돕는 사람이 되어야 한다."
　제임스 가필드는 어머니의 말씀을 깊이 명심하여 공부를 열심히 하여 윌리엄 대학에 들어갔다.
　초등학교 때부터 수재였던 그는 대학에서도 수재로 인정받고 있었는데, 유독 수학 과목만은 번번이 2등을 했다. 누구에게도 지기를 싫어하는 가필드는 그 이유가 궁금했다. 분명히 무슨 이유가 있을 것이라고 생각한 가필드는 그 이유를 찾기 위해 수학에서 1등 하는 친구의 생활을 살피기로 했다.
　그러던 어느 날 밤늦도록 공부를 하고 화장실에 간 그는 수학에서 항상 1등을 하는 친구의 기숙사 방에 불이 켜져 있는 것을 알았다. 그리고 며칠 동안 관찰한 결과 친구의 방 불이 자기 방보다 항상 10분 간 더 켜져 있는 것을 발견했다.

'알았다!' 바로 이것이다. 그 친구가 수학과목에서 항상 1등을 하는 원인을 안 것이다. 다음날부터 가필드는 친구보다 10분 더 연장하여 공부한 다음 불을 껐다. 그 결과 그 학기부터 수학에서도 그 친구를 제치고 1등을 할 수 있었다.

하루 10분 더 노력한 결과 라이벌인 친구를 제치고 수학은 물론 전 과목에서 1등을 할 수 있었다.

제임스 가필드는 그 후 모교인 윌리엄대학총장을 거쳐 마침내 소망하던 대통령이 되었다.

The Ten Principle
Of Success

PART 4
성공한 사람만이 느낄 수 있는 자존심

··· Success Principle ···

1. 우리는 모든 행동의 집합체이다

많은 사람들이 자기 자신의 성장과 발전의 기회가 왔을 때에도 무의식적으로 전과 똑같은 태도를 취하고 있음을 깨달을 것이다. 보다 나은 미래를 위해서는 대폭적인 변화가 필요하다는 것을 이해하면서도 사람들은 생활을 바꾸지 못하는 것이다.

인간은 수많은 장벽을 뛰어넘어 적극적으로 자기 변혁을 시도함으로써 성장한다. 이 평범한 진리를 알면서도 눈앞에서 일어나고 있는 일을 자기 변혁의 기회로 삼고 맞부딪쳐 해결하려는 사람은 그다지 많지 않다.

그래서 많은 사람들은 평범하게 그저 아무런 파란 없이 살기를 바라고 성공한 사람을 시기하면서 불쌍한 인생을 보내게 된다. 이러한 사람들은 자신의 실패와 결점에만 마음을 쓴다. 조금이라도 잘못된 일이 생기면, '이것은 자신의 잘못이다.' 라는 자기 비하의 버릇을 가지고 있다. 그래서 결국 일을 나쁜 쪽으로 자꾸만 몰고 가게 된다.

자기 자신의 목표와 목적을 분명하게 세우지 못하는 사람은 세상의 가치기준을 곧이곧대로 받아들여서 거기에 얽매이게 된다. 그 결과, 자기의 목표는 처음부터 현실과 동떨어진 높은 곳에 목표를 설정하는 수가 많다.

목표를 높게 가지는 것이 나쁜 것은 아니지만, 높은 목표를 달성하기 위해서는 단계가 필요하다는 생각을 하지 못한다. 그리하여 실패를 되풀이하게 된다.

거듭되는 실패는 사람을 겁쟁이로 만든다. 자기는 무엇을 하든 실패만 하므로 영원히 목표에 도달하지 못할 것이라고 스스로 믿어 버린다. 그리하여 얼마 뒤에는 노력하는 것조차 포기하고 체념하는 것이다.

매우 많은 사람들이 잠재적인 능력을 지니고 있으면서도 영원히 그 능력을 발휘하지 못하고 일생을 끝마친다. 많은 사람이 성공할 기회를 몇 번이나 붙잡고도 일시적인 발전에 그치고 결국에는 인생의 중요한 성공을 놓치고 만다.

남의 주목이나 관심을 끌고 싶어서 큰 소리로 외치고, 남의 눈에 띄기 좋아하는 사람들이 있다. 그들은 실제로는 자부심이 없으면서 거기에서 벗어나려고 외치고 있다. 그렇게 큰 소리치는 것은, "나를 봐 다오, 내가 여기 있다는 것을 잊지 말아 달라."는 뜻이다.

존 델린저라는 사람은 농가에 침입하여, "내 이름은 존 델린저다. 당신들을 해칠 생각은 없다. 단지, 내 이름이 존 델린저라는 것을 알아주기를 원할 뿐이다." 하고 소리 지르고는 나왔다고 한다. 그는 이렇게라도 하지 않으면 그는 자기를 증명할 수 없었던 것이다.

정신병리학자인 버나드 홀랜드 박사는 비행 청소년에 대하여 다음과 같이 말했다.

"그들은 언뜻 보기에 독립심이 매우 강한 것처럼 보이고 반항적이며 특히 부모나 교사, 그리고 경찰관이나 권력을 가진 사람을 싫어하는 경향이 있다. 그리고 빈번히 불만과 불평만 늘어놓는다. 그러나 과잉 방어는 그들의 두터운 껍질 밑에 숨어 있는 것은 부드럽고 상처받기 쉬운 마음이다. 사실 그들은 항상 누군가에게 의지하고 싶어하는 마음이 있었다."

비행으로 치닫는 청소년들은 자기가 소중하게 생각해 왔던 사람으로부터 마음의 상처를 받은 체험을 가진 경우가 적지 않다. 그리고 거듭 상처받는 것이 두려워서 두 번 다시 자기의 마음을 열려고 하지 않는다. 자신을 지키기 위하여 더 이상 거부당하거나 고통을 받는 것이 싫기 때문에 공격적으로 나온다. 그들은 아무도 믿을 수가 없으므로, 누구에게도 스스로 접근하려고 시도하지 않는다. 그들이 거부하고 반항하는 사람들 가운데에는 그들을 사랑하고 도와줄 사람이 있을는지도 모르지만, 그들은 그것을 믿지 않기 때문에 결과적으로 그러한 사람들로부터 멀어지게 되는 것이다.

··· Success Principle ···

2. 창조자의 최대 걸작품은 바로 당신

당신은 비록 사우디 아라비아의 왕족은 아니지만 자신만의 특별한 권리를 가진 위대한 존재이다.

만일 세상의 모든 어린이들이 살아 있다는 것만으로도 자신들이 특별한 존재라고 느끼라고 한다면 이상한 말을 한다고 할 것이다.

당신이 가난과 질병을 이기고 성공한 사람은 다른 사람들에게 성공에서 무엇보다도 중요한 것은 끈기라고 말할 것이다.

오늘날 우리는 나르시스적인 사회에 살고 있다. 그리고 개인주의적인 사회가 공동체적인 사회로 이완하고 있다. 이러한 과정은 참으로 고달프고 힘들다.

자기만족과 자기편견에 빠지기 쉬운 사상을 나르시즘이라고 한다. 그 말은 고대 그리스 신화에서 유래되었는데, 연못에 비친 자신의 모습을 보고 사랑에 빠진 나르시스의 이야기에서 나온 것이다.

오늘날 나르시즘은 어린이들의 옷에서부터 장난감을 비롯하여 젊음에 대한 지나친 강조, 그리고 육체적인 노출에서까지 번지고 있는 실정이다.

나르시즘과 자존심을 혼돈해서는 안 된다. 그것은 극과 극이다.

'존중한다'는 말은 자신의 가치를 인정한다는 의미다.

인간에 있어서 존중받고 존중하는 것은 성공을 향한 시발점이며 종점이다. 또한 이것은 성공을 위한 중요한 비결이기도 하다.

나르시스적인 자아만족은 쾌락적, 환상적인 자기숭배다. 그러나 자존심은 내적, 정신적 자기 사랑에 근거를 두고 있다.

광활한 바다와 막막하게 펼쳐진 우주에 경이를 표하면서 자기 자신을 비하하는지를 알 수 없다. 바다를 창조한 바로 그 창조주가 당신을 창조하였다. 당신은 생각할 줄 알고, 사랑할 줄 알며, 변화할 줄 아는 능력을 가진 아주 독특한 존재이다.

자기를 이해하고 항상 용납하는 것은 자존심의 중요한 요인이다. 그것은 자신이 가치가 있고 변모하며, 완전해지려고 노력하며, 성장해 가는 사람으로 인정하는 것이다.

당신은 창조의 걸작품이다.

··· Success Principle ···

3. 자존심을 높이는 방법

자존심을 높일 수 있는 비결은 먼저 자신과 긍정적인 대화를 나누는 것이다. 깨어 있을 때마다 자기 자신은 물론 자신의 성과에 대하여 긍정적인 생각을 불어넣어 주어야 한다. 경직되어 있는 자아가 훗날에 더 높고 드높은 기준에 순응할 수 있도록 조정해줘야 하기 때문이다.

최근 한 연구에서 무심결에 내뱉은 말과 생각이 신체 기능에 얼마나 큰 영향을 미치는지 밝혔다. 그 연구에 의하면 생각만으로 체온이 높아지거나 낮아지고, 호르몬을 분비하며, 근육과 말단신경을 이완시키고, 혈관을 수축시키거나 팽창시키고, 맥박을 낮추거나 높일 수 있다는 것이다. 이것은 곧 우리가 자신에게 하는 말조차 가려서 해야 한다는 뜻이다. 이런 이유로 성공한 사람들은 말이나 행동에서 '자신을 비하하는 말'은 좀처럼 하지 않는다.

하지만 이들과는 달리 곧장 이런 말의 덫에 갇히는 사람들이 있다.

"나는 할 수 없어." "나는 얼간이야." "내가 이런 사람이라면…." "알았어요. 그런데 말이죠…."

성공한 사람은 다음과 같은 말을 건넨다.

"나는 할 수 있어." "내가 기대하는 것은" "다음에는 반드시 잘 해내고 말 거야."

"기분이 점점 좋아지고 있어."

사람들이 자기 자신을 어떻게 받아들이고 있는지 잘 알 수 있는 좋은 자료 가운데 하나는 남들의 칭찬을 받아들이는 태도이다. 놀랍게도 자부심이 낮은 사람은 다른 사람이 그의 가치를 인정해줄 때조차도 자신을 깎아내리고 있다.

"일처리가 완벽한데요."

상사나 옆의 동료가 이렇게 칭찬을 해주면 자부심이 낮은 사람은 이렇게 대꾸한다.

"뭘요, 운이 좋았을 뿐인데요."

자부심이 낮은 사람은 자신을 굴욕적으로 낮출 때 겸손의 가치가 높아진다고 착각하고 있는 것이다. 그리고 더욱 놀라운 사실은 사람들의 찬사를 대부분 부정적으로 받아들인다는 사실이다.

이와는 달리 성공한 사람들은 일상생활 속에서 "고맙습니다."라는 말로 찬사나 칭찬을 받아들인다. 희극 배우 밥 호프는 자기를 칭찬하면 언제나 "고맙습니다."라고 답했으며, 유명한 영화 감독인 프랭크 부어맨도 자기를 칭찬하면 "고맙습니다."라고 답했다.

　자신에게 긍정적인 마음을 불어넣어 최고의 삶을 산 사람들은 거의가 높은 자부심을 지니고 있었다.

　분야를 막론하고 최고의 자리에 오른 사람들은 예외없이 자신을 특별한 존재로 받아들이고, 자신의 모습 그대로 인정하며, 더불어 다른 사람들 앞에서 자신을 숨김없이 드러냈다. 흥미로운 것은 이들은 언제나 사람들의 관심과 지원을 받았다는 사실이다. 그들은 성공의 원리를 알고 사람들의 마음을 제대로 알고 인도했기 때문이다.

··· Success Principle ···

4. 자존심은 성공의 기반을 만든다

사람이란 누구나 일이 잘 되면 앞으로도 마냥 잘 될 것 같고, 무슨 일을 해도 성공할 것 같다. 이럴 때 기업들은 혁신적인 전망을 제시한다. 투자유치도 한결 쉬워진다.

그러나 일이 한 번 안 되기 시작하면 모든 것이 안 풀릴 것 같고 기분이 처진다. 장기 침체된 경기가 회복되기 어렵고, 스포츠 팀이나 회사 등이 아무리 발버둥쳐도 계속된 슬럼프에서 헤어나지 못하는 것도 그 때문이다.

모든 개인이나 기업은 행운 또는 악운의 주기에 말려들 수 있다. 이때 일어서느냐 주저앉느냐는 대개 자존심에 달려 있다.

자존심은 기대치와 수행 결과, 투자의 성과를 잇는 연결 고리다. 자존심은 다양한 상황에서 전망을 제시해 주는 아주 익숙한 단어이다. 선수들의 자존심, 지도자에 대한 국민의 신뢰 등의 표현에 잘 녹아 있는 말이다.

상승기로에 있을 때 성공은 긍정적 추진력을 만든다. 이길 것이라고 믿는 사람은 어려운 순간에도 확실히 성공하기 위해 남들보다 몇 배 노력한다.

반대로 하락세일 때는 실패 확률이 점점 더 높아진다. 따라서 무슨 일이든지 일단 긍정적 또는 부정적 방향으로 치닫기 시작하면 그 추진력은 멈추기가 힘들다. 성장기에는 낙관론을 낳고, 퇴보기에는 비관론을 낳는다. 이러한 경향을 알고 있으면 고질적인 문제로 흔들리는 사업체도 회복가능성을 예측할 수 있다.

한편 패자들은 항상 패배할 운명인 듯 보인다. 아무도 패자를 믿어주지 않고 그들에게 투자하지 않으며, 아무도 패자들의 회복을 돕지 않기 때문이다. 부자가 점점 부유해지고, 가난한 자가 점점 더 가난해지는 이유도 그것 때문이다.

승리와 실패의 패턴은 사업에서나 스포츠에서 쉽게 볼 수 있다.

패턴이 생기면 연승과 연패의 운은 스스로 추진력을 더해 가며, 승리 혹은 패배의 확률을 더 높인다.

승리가 만들어 내는 긍정적 기운은 주변의 모든 요소를 지배한다. 긍정적인 집단행동을 부추겨 다음 번의 승리 가능성을 높이는 후광 효과만 봐도 그렇다.

승리는 최고 자질을 갖춘 선수나 충성스러운 팬 군단 등 승리를 반복할 수 있게 재투자할 수 있는 자원을 더 쉽게 끌어들인다. 반면에 실패는 이러한 것들을 쫓아버린다. 연패한 팀은 단합하기가 힘들고, 새 인재 영입이 더 힘들며, 추월당하기 쉽다.

한 마디로 자존심은 연승 중에 더욱 굳어지며, 승리의 전통을 만든다. 자존심은 연패 중에는 부식되어 패배의 늪에서 탈출할 수 없게 만든다.

··· Success Principle ···

5. 자존심은 자신의 가치를 입증한다

성공의 원리를 아는 리더는 자신의 가능성을 믿고 그것을 자신 있게 나타낸다.

세계 최대 손해보험회사인 에이온 그룹 회장인 클레멘트 스톤은 매일 아침 직원들에게 이렇게 말한다.

"나는 오늘 기분이 좋다! 나는 오늘 건강하다! 나는 오늘 멋지다."

클레멘트 스톤은 매일 아침 확신에 찬 이 세 문장의 말로 수십만 명의 영업사원들에게 자신감을 불어넣어 회사를 대그룹으로 만들었다.

한 사람의 자신감이 넘치고 확신에 찬 말 한마디가 수많은 사람들에게 자신감을 심어주어 행복하게 만든다.

말의 위력을 과소평가해서는 안 된다. 우리가 하는 말을 통해서 우리의 삶이 만들어지고 있는 것이다. 우리에게 다가오는 시련이나 실패는 성공으로 가는 고속도로이다. 실패가 없는 성공은 없다. 말 속에는 악착같이 끈질긴 노력에 의해 후원 받는 엄청난 창조력이 숨어 있다.

성공한 사람들 중에 어릴 적 매우 소심한 성격의 소유자가 많다. 그들은 심리적 훈련을 통해 용기를 얻고 성공을 만들었다. 우리의 삶이 자연스럽게 성공으로 향하는 것은 아니다.

현재의 처지에 굴하지 않고 그보다도 훨씬 나은 그 무엇이 자기 안에 숨어 있다고 굳게 믿는 사람들이 성취력이 더 높다.

성공한 사람들은 자기 이미지부터 바꾸었다. 그들은 자신감을 갖고 새로운 삶을 살아갔다. 헌 옷에 새 조각을 덧대지 않았다. 과거를 떨쳐버리고 새롭게 시작했다.

자신감과 비전은 모든 변화에 근본적인 역할을 한다. 노력에 의해서 꿈이 꿈으로 끝난 것이 아니라 현실이 되는 것이다. 자신이 이루고 싶은 것을 명확하게 알아야 한다.

작은 생각만큼 성취를 제한하는 것은 없다. 자유로운 생각만큼 가능성을 확장하는 것은 없다. 따라서 자존심을 갖고 보다 넓은 사고를 해야 한다.

... Success Principle ...

6. 자존심과 힘의 관계

"이 세상에서 당신 혼자서 마음대로 할 수 있는 것은 오직 당신 생각과 마음뿐이다. 당신이 제배할 수 있는 생각과 마음에 따라 모든 것이 결정된다."

개인과 집단 능률 향상에 대한 세미나로 유명한 미국의 동기부여 심리학자 제임스 W.뉴먼의 말이다. 그러니까 우리의 마음과 생각은 우리 마음대로 되는데 그것에 따라 성공과 실패가 결정된다는 뜻이다.

생각과 마음에 좌우되는 것 중에 하나가 자존심이다.

그러면 자존심이란 어떤 것일까? 그리고 어떤 경우에 힘을 발휘하는 것일까?

자존심이 높으면 높을수록 직업 세계에서나 재정적인 면에서나 일상적인 삶에서나 정서적으로, 창의적으로, 정신적으로 풍부하게 된다. 또한 자기 자존심이 높은 사람은 삶의 고비마다 맞닥뜨리는 위기도 지혜롭게 극복해 낼 가능성이 높다.

나다니엘 브랜든 박사는 자존심의 힘에 대해서 이렇게 말했다.

"자존심은 자신에게 생각하는 능력이 있으며, 인생살이에서 만나게 되는 기본적인 위기에 맞서 이겨낼 수 있는 능력이 있다는 자신에 대한 믿음입니다. 그리고 우리 스스로가 가치 있는 존재임을 느끼고 필요한 것과 원하는 것을 주장할 자격이 있으며 자신의 노력으로 얻은 결과를 즐길 수 있는 권리를 가지며 또 스스로 행복해질 수 있다고 믿는 것입니다."

그러나 이런 자존심은 다른 사람들이 줄 수 있는 그런 능력이 아니다. 이것은 개인적으로 체험하는 은밀한 경험이므로 당신의 내면 깊은 곳에 놓여 있다. 내가 나에 대해 생각하고 판단하고 느끼는 것이지 다른 사람이 나에 대해 생각하고 판단하고 느끼는 것은 결코 아니다. 때문에 우리가 자유 의지로 선택할 때만이 자존심이 만들어지게 된다.

당신은 자기 자존심의 근원은 내부에 있다는 사실을 잘 알아야 한다. 다른 사람들이 높은 자존심을 가질 수 있도록 도와 줄 수는 있다. 하지만 궁극적인 선택은 바로 당신 자신에게 달려 있다. 브랜든 박사는 우리에게 이렇게 권고하였다.

"자존심은 외적인 성공이나 실패보다는 오히려 내면적인 정신적 기제에 뿌리를 두고 있습니다. 이 점이 자존심의 이해를 위한 요체입니다."

사람들은 이런 점을 알지 못하기 때문에, 불필요한 많은 분노와 자기 불신에 빠지게 된다. 만약 우리가 우리의 의지 조절과 무관한 요소들로 된 기준으로 자신을 평가한다면, 불가피하게도 수시로 변하는 인정받지 못할 자존심을 갖게 되는 위험한 상태에 놓인다.

그러나 최선을 다해 노력했음에도 불구하고 우리가 특별한 일에 실패한다면 우리의 자존심은 손상되지도 영향을 받을 필요도 없다. 비록 우리가 성공했다면 느낄 수 있는 자부심 같은 것은 경험할 수 없다 할지라도 말이다,

자존심의 위력을 알려주는 일화

정체성을 찾은 독수리

　미국 서부의 한 은퇴한 야구선수가 손자를 데리고 여행을 하고 있었다. 그러던 중 어느 목장을 지나다가 이상한 광경을 보게 되었다. 닭장 안에 독수리가 닭과 함께 지내는 것이었다.

　이상하게 생각한 야구선수는 닭장 주인에게 독수리를 팔라고 하였다. 독수리는 지금까지 자기가 닭인 줄 알고 있었다. 그것을 안 야구선수는 독수리의 본성을 깨우쳐주기 위해 팔지 않겠다고 하는 주인에게 사정사정하여 독수리를 샀다.

　어느 날 산 계곡을 지날 때 야구선수는 독수리에게 "너는 닭이 아니고 독수리야. 한 번 날아봐!"라고 말하고는 독수리를 산 계곡에서 던졌다.

　하지만 자신이 닭이라고 생각한 독수리는 그대로 떨어지고 말았다. 떨어지는 충격에 다리가 부러졌다.

　그러나 퇴역한 야구선수는 독수리를 안고 더 높은 곳으로 올라가서 "너는 닭이 아니고 독수리야!"라고 외치면서 독수리를 던졌다. 독수리는 머리가 복잡해졌다. '정말 내가 독수리인가' 그렇게 생각하는 사이에 땅에 떨어졌다. 떨어지면서 돌에 머리를 다치고 말았다. 몸에도 상처가 나고 피가 흘렀다. 독수리는 퇴역선수가 너무도 야속했다. '나는 닭인데 왜 독수리라고 하면서 날라고 할까' 하지만 퇴역 야구선수는 다시 독수리를 안고 더 높은 산꼭대기로 갔다. 그리고 "너는 닭이 아니고 독수리야."라고 외치면서 독수리를 던졌다.

독수리는 생각했다. '내가 정말 독수리일까, 이번에는 떨어지면 죽을 거야.'라고 생각하는 사이에 몸이 아래로 떨어지는 것을 느꼈다. 그러자 독수리는 땅에 떨어지려는 순간 생각했다. '혹시 내가 독수리인지 몰라.' 그런 생각이 들자 지금까지 한 번도 펴보지 않았던 날개를 온힘을 다해 펼쳐보았다. 그러자 커다란 날개는 상승기류를 타고 높이 비상하였다. 독수리는 지금까지 한 번도 날아 보지 않았던 창공을 날개를 펄떡거리면서 날게 된 것이다. 마침내 그 동안 한 번도 보지 못한 드넓은 세상이 눈앞에 펼쳐졌다. 자존심이 얼마나 위대한가를 잘 보여주는 이야기이다.

··· Success Principle ···

1. 인내심은 성공의 결말이다

　인내심을 갖기 위해서는 어떤 일을 할 때 자신이 옳다고 믿어야 한다.

　필자가 만나보고 연구한 사람들 중에 성공한 사람들은 거의가 인내심이 강했다는 것이다. 또한 그들은 우주의 질서와 약속을 믿음으로써 그들과 확신과 참여 속에서 창조력, 상상력, 지혜를 키울 수 있었다.

　그들의 신념은 그들의 정신을 분열시키는 일이 없이 그들로 하여금 변화의 흐름을 향해 나아가도록 하는 강한 조직체가 되었던 것이다. 이렇게 유연성이 있는 그들은 그들의 특이한 적응력과 최악의 상황에서조자 가장 밝은 면만 보는 습관이 형성된 것이다.

　누구나 성공을 원한다. 그러나 대부분의 사람들은 성공을 꿈꾸면서도 계획없이 나날을 보낸다. 누군가가 성공에 대해서 말하고 설명하면 그들은 들으려고 하지 않는다. 그 이유는 무엇일까? 그들은 '성공하고 말겠다' 는 신념이 없기 때문이다.

사람들은 신념으로 기적을 나타내려고 한다. 그러나 기적은 행동하는 신념 속에 나타난다.

성공의 여섯 번 째의 비결은 인내심을 갖고 남이 싫어하는 일도 기꺼이 하는 것이다.

당신은 사람들이 기꺼워하지 않는 일은 하기 싫어한다는 소리를 들은 일이 있을 것이다. 그러면 당신은 성공의 가능성이 있다.

읽고, 배우고, 일하려 하지 않는 사람은 인생이라는 게임에서 실질적인 패배자다. 그러나 능력이 없거나 환경적인 압박 때문에 배우고 익히기를 포기한다면 그들은 패배자라고 할 수 없다. 그러나 그들이 성공하려면 그들은 목표지까지 도달하려고 사투를 벌여야 한다. 사투를 벌이기 위해서는 인내심이 필요하다.

인생의 참된 승자는 다른 어떤 사람과 같이 되기를 원하고, 그들처럼 돈이나 벌고, 시간을 낭비하면서 여행이나 하며, 세상의 부를 소유하고 싶어 하고 그리하여 마침내 인생의 게임에서 퇴직하는 사람들이다.

인생에서 태만과 좌절은 어떤 변명도 통하지 않는다. 특히 미국에서는 그렇다. 미국 국민들은 미개발 국가의 사람들이 1년 동안 먹을 음식을 한 달 만에 쓰레기통에 버리고 있다.

이런 국가의 사람들은 어쩌면 실패의 가능성을 잉태하고 있는 지도 모른다.

빈곤이나 차별, 무지, 편협 등은 어느 나라에서나 존재한다. 또한 기회, 결심, 정직, 공평 그리고 신념도 어느 나라 국민들도 가지고 있는 것이다.

성공을 원한다면 필요한 것은 인내라는 비결임을 잊지 말아야 한다. 믿을 수 없는 뜻밖의 일이 생겨서 성공한 사람은 없다. 인내가 어떤 결과를 가져왔는지 한 번 알아보자.

··· Success Principle ···

2. 꿈을 실현하려면 인내심이 있어야 한다

바라는 것을 이루기 위해서는 인내심과 소망을 가져야 한다. 인내심과 소망, 이것이 당신을 비범한 인물로 만들어 줄 것이다.

인내심은 성공의 절대 요소이다

무슨 일에서나 성공하기 위해서는 '인내심과 끈기'가 절대 불가결하다. 그리고 인내심의 기초가 되는 것은 의지의 힘이다.

의지와 욕망이 훌륭하게 결합되었을 때, 어떤 일에도 굽혀지지 않는 강력한 힘이 생겨난다.

대다수의 사람들은 마음속에 품고 있던 목표나 목적을 간단하게 내동댕이치며, 사소한 장애나 불행에 부딪힐 것 같으면 모든 것을 체념하고 만다.

눈앞에 나타난 장애에도 불구하고 최후까지 목적을 완수하기 위해 노력하는 사람은 극소수에 지나지 않는다.

인내심이라는 말에는 영웅적인 의미가 없을는지 모른다. 하지만 이 인내심은 인간의 성격 안에서, 금속을 탄소로 정제하는 것과 같은 역할을 하는 것이다.

당신이 이미 의도한 바대로 명확한 목적을 가졌으며, 또 백 명 중에서도 목적을 달성하기 위해 뚜렷한 계획을 가진 두 사람 중의 하나라면 더욱 인내심이 필요하다.

만일 인내심이 없다면 이 책에서 말한 방법을 잘 읽고 나서 몸에 익히도록 한다. 이 처방전의 하나하나를 떠받들고 쳐다보고만 있는 동안은 아직 본격적인 태도를 갖추었다고 할 수 없다.

인내심이 없다는 점이 실패의 주요 원인이라는 것은 다시 말할 필요가 없으리라. 또 숱한 사람들의 경험에 비추어 보더라도, 끈기가 없다는 것은 대다수 사람들의 공통적인 약점이다.

이 약점에서 생겨나는 안이성을 극복하는 방법은 욕망을 강화하는 것이다. 모든 목표를 관찰하기 위한 출발의 발판은 욕망이다.

이 점을 언제나 마음속에 간직해 두도록 하라. 조그만 불을 지피고만 있으면 극히 소량의 열밖에 얻을 수 없는 것과 같이 욕망이 작으면 결과도 작을 수밖에 없다. 자신에게 인내심이 없다고 깨달았으면, 그 약점을 욕망이라는 불길로 불러일으켜 크게 타오르게 함으로써 바로잡을 수 있는 것이다.

가령 자신에게 인내심이 없다는 사실을 판명했다면, 여기에서 '힘'의 처방전에 따라 모든 정신을 집중하고 주위에 있는 '매스터 마인드' 그룹의 협력을 받는다면 인내심은 반드시 강대해질 것이다.

인내심을 기르려면 '자기 암시'와 '잠재의식'이 도움이 되리라 믿는다.

습관은 잠재의식을 불러일으키고 뚜렷한 욕망을 구체적으로 그려내게 하는 것이다. 이렇게 따져 보면 인내심이 없다는 것이 결코 핸디캡이 될 수 없다는 사실을 깨닫게 될 것이다.

잠재의식은 우리가 잠자고 있을 때나 깨어 있을 때나 끊임없이 활동하고 있다.

목표를 달성하기 위해서는 우리가 이제까지 이야기해 온 규칙을 몸에 익혀 습관화하고 활용하지 않으면 안 된다.

인내심, 이것이 없다면 일을 시작하기 전에 이미 성공자가 될 수 없음은 뻔한 일이다. 인내심이 있어야 비로소 승리할 수 있는 것이다.

악몽으로 가위눌린 경험이 있는 사람이라면 인내심이 얼마나 가치 있는 것인지 알 수 있으리라 믿는다.

잠자리에서 비몽사몽간의 사념에 쫓긴 끝에 질식할 것만 같았던 경험을 가진 일은 없는가? 돌아누우려고 해도 근육이 말을 듣지 않는다. 그래서 어떻게 해서든지 근육을 움직이려 애쓴다.

그렇게 끈기 있게 의지력을 활동시켜 가다 보면 간신히 한쪽 손가락을 움직일 수 있게 된다.

그리하여 다시 끈기 있게 의지력을 활동시켜 가노라면 다른 손이 움직이기 시작하고 한쪽 발이 움직이다 두 발 다 움직일 수 있게 된다.

탁월한 의지로 전체 근육조직을 컨트롤하게끔 되면, 비로소 악몽에서 깨어날 수 있게 된다. 악몽에서 빠져나오자면 한 걸음 한 걸음 순서를 밟아야 하므로 그 속도가 매우 느린 법이다.

우리가 정신적 무기력에 사로잡혀 있어서 무슨 일이 있어도 거기에서 벗어나야 한다고 깨달았을 때, 그때에 취해야 할 방법은 악몽에서 빠져나올 경우와 마찬가지이다.

처음에는 한 걸음 한 걸음 순서를 밟아야 하지만 그러다 보면 속도가 붙어 의지를 완전히 지배할 수 있게 된다. 아무리 처음의 움직임이 느리다 하더라도 끈기와 의지를 가지고 우선 움직이기 시작해야 한다.

끈기만 있다면 반드시 성공은 찾아오는 법이다.

'매스터 마인드' 그룹을 선택할 때에는 이 점을 주의 깊게 생각해 보고서, 최소한 한 사람 정도는 끈기를 갖는 데 도움이 될 수 있는 이를 넣는 것이 중요하다. 큰 재산을 쌓아 올린 성공자 중에는 필요에 따라서 이런 방법을 선택한 사람이 많다.

성공한 사람은 어느 누구를 막론하고 인내심을 가진 사람들이다.

그들이 인내심을 기르게 된 이유는 항상 절박한 환경에 쫓겨서 아무래도 인내심을 발휘하지 않고서는 배길 수 없었기에 마침내 그 소유자가 되고 만 것이다.

인내심을 굴복시키는 다른 힘은 하나도 없다. 성공으로 이끄는 온갖 소질 중에서 가장 큰 것이 바로 인내심이다.

인내심을 습관으로서 몸에 지닌 사람은, 실패의 경우를 위해 보험에 드는 것과 같이 난관에 부딪치더라도 침착한 태도를 보이게 된다.

몇 번이고 좌절하고 패배를 당하더라도 최후에는 반드시 선두에 서곤 한다.

이렇다면 실패의 경험을 가진 모든 사람을 테스트하여 거기에 감추어진 지표를 명백히 할 필요가 있을 성싶다. 실패를 거듭하고 시행착오를 되풀이하면서도 마침내 목표를 달성한 사람을 보면,

"반갑소! 반드시 해내고야 말 줄 알았소."

이런 말을 외치고 싶어진다.

숨겨진 지표나 비결이 있더라도 인내심 테스트에 합격하지 못한 사람은 그것을 살려 이용할 줄을 모른다.

테스트에 합격하지 못한 사람은 거물이 될 수는 없다는 말이다.

이 테스트에 합격하는 사람은 그 보상으로 인내심을 얻게 된다.

인내심만 가진다면 무슨 목표를 추구하든지 그 보상으로 성공을 얻게 된다는 말이다.

··· Success Principle ···

3. 인내심을 키워 나갈 수 있는 요건

인내심이란 마음의 상태이다. 따라서 이것은 발전시킬 수 있는 것이다.

온갖 마음가짐과 마찬가지로, 인내심에는 몇 개의 정확한 기반이 뒷받침되어 있다.

그 요건을 들어 보기로 한다.

첫째, 목적이 명확해야 한다.

우선 자기가 무엇을 희구하고 있는가를 알 것. 이것이 인내심을 키우는 가장 중요한 단계이다. 확고한 동기가 있어야만 여러 난관도 극복해 나갈 수 있는 법이다.

둘째, 욕망이 있어야 한다.

목표를 추구하려는 욕망이 강하기만 하면 인내심을 체득하고 발휘하는 일은 비교적 용이하다.

셋째, 자신을 신뢰해야 한다.

계획을 수행할 수 있다는 자신이 있으면, 끈기를 가지고 계획대로 해 나갈 수 있다. (자기 신뢰는, 자기 암시의 장에서 말한 원칙을 활용함으로써 발전시킬 수 있다.)

넷째, 계획이 확실해야 한다.

계획이 조직적인 것이기만 하면, 설령 거기에 결점이 있거나 비현실적인 점이 있다 하더라도 끈기를 키우는 데 크게 도움이 된다.

다섯째, 정확한 지식을 가져야 한다.

건전하고 경험과 관찰로 자기 계획을 뒷받침하고 있다면 끈기를 고취시키기엔 충분하다. '지식'이 아닌 '추측'으로 해나간다면 끈기를 파괴하고 말 따름이다.

여섯째, 협력을 얻어야 한다.

타인에 대해서 동정적이며 그의 처지에 서서 이해하고 협조하려 노력한다는 것은 끈기를 키우는 중요한 요건이다.

일곱째, 의지력이 있어야 한다.

명확한 목적 달성을 위한 계획 작성에 있어서 자신의 사고를 집중하는 습관은 인내심을 키우는 데 도움이 된다.

여덟째, 습관을 길러라.

인내심은 습관의 직접적인 결과이다. 정신 집중이 일상 경험에 의하여 인생의 일부가 되면, 훌륭한 습관도 형성된다.

온갖 적 중에서도 가장 가증스러운 적인 공포, 그것은 용기 있는 행위를 되풀이함으로써 효과적으로 물리쳐 버릴 수 있다.

전쟁에서 적극적인 행동을 보아온 사람은 이 점을 잘 이해하리라 믿는다.

··· Success Principle ···

4. 당신은 인내심이 얼마나 강한가?

아무리 힘들지라도 먼저 시도해야 한다. 실패에서 배워야 한다. 그러면 실제로 과녁을 명중시킬 수 있는 기회가 더 많아질 것이다. 인내심을 키우는 방법을 알아보자.

이 인내심의 대목이 끝나기 전에, 자신의 소질을 검토하여 무엇이 특히 모자라는가를 알아내는 것이 긴요하다. 위에서 말한 인내심의 여덟 가지 조목을 하나하나 용기를 내어 검토해 볼 것을 권하고 싶다.

이 분석을 하면 자기 자신을 한층 더 잘 알게 되고 새로운 발견을 할 수도 있으리라 믿는다. 그리고 현재의 자기와 달성하려는 큰 목표 사이를 허다한 적이 가로막고 있다는 사실을 이미 깨달았을 것이다.

인내심의 약점을 보여주는 징조는 물론이고, 이 약점의 잠재적 요인으로 깊이 뿌리박고 있는 것이 무엇이냐 하는 점도 알게 되었을 것이다. 앞에서 열거한 리스트를 주의 깊게 연구하여 자기는 대체 어떠한 인간인가. 또 무엇을 할 수 있는 인간인가를 진지하게 규명해 보라는 말이다.

다음에 열거하는 것은 큰 재산을 쌓으려 한다면 꼭 극복해야 하는 과제들이다.

1. 자신이 바라는 것이 무엇인지 알지 못하며, 또 그것을 명백하게 정의하지 못하는 일.
2. 원인이 있든 없든 간에 주저주저하는 일.
3. 전문지식을 얻는 데 전혀 관심을 갖지 않는 일.
4. 문제에 대해서 진지하게 생각하려 들지 않고, 모든 문제가 생기면 우유부단하게도 자꾸만 훗날로 미루어 나가는 일.
5. 문제 해결을 위해 정확한 계획을 세우려 하지 않고 이 핑계 저 핑계로 변명하려 든다.
6. 자기 세계에 만족하고 있는 사람은 이미 중태이므로 손을 쓸 여지가 없다. 이런 증상이 있는 사람에 대해선 전혀 희망을 걸 수가 없다.
7. 적과 싸우며 반대하기보다는 차라리 이내 타협을 해버리는 무관심한 태도.

8. 자신의 과오를 타인의 탓으로 돌리고 비난하다 궁지에 몰려 별수 없이 자신의 과오를 인정하는 못된 습관.

9. 욕망이 강하지 않아서 행동을 일으켜 주는 동기 포착을 게을리하는 일.

10. 단 한 번의 실패로 계획을 포기하고 마는 일.

11. 조직적 계획이 없이 어디를 어떻게 고쳐야 할 것인지 분석조차 못하는 일.

12. 아이디어나 찬스가 눈앞에 와 있는데도 불구하고 그것을 붙잡으려 하지 않는 일.

13. 현실적인 계획 없이 꿈만 꾸고 있는 일.

14. 타인이 생각하는 일과 그 행동에만 정신이 팔려 있기 때문에 비난받을 것이 두려워 손수 계획을 세우거나 실행하지 못하는 일.

(이 장해는 리스트의 서두에 내세워야 할지도 모른다. 왜냐하면 이것은 잠재의식이므로 명확하게 나타나지 않기 때문이다.)

··· Success Principle ···

5. 타인의 의견에 구애받지 말라

이상에서 우리는 몇 가지 적을 살펴보았다. 다음에는 비난받을 것을 두려워하는 일에 대해서 검토해 보기로 하자.

대다수의 사람들은 자신의 행위가 남들에게 비난받을까 봐 몹시 두려워한다. 두려운 나머지 자기 생각대로 생활해본 적이 없는 대다수의 사람들은 자신의 결혼생활을 그릇된 것이라고 생각하면서도 꾹 참고서 일생을 불행과 비참 속에 끝마치고 만다.

만일 이 잘못된 것을 바로잡아 이혼이라도 하면 비난받을 것이 뻔하므로 두려운 것이다. (이와 같은 공포심을 가진 사람은 그 공포로 해서 대망을 깨뜨리고 자신을 잃으며 목표를 달성하고자 하는 야심을 잃는 큰 손실을 자초하고 있다.)

몇백만 사람들이 학교를 졸업한 후 뒤떨어진 몫을 회복하기 위해 다시 학교에 다니기를 꺼려하는 것도 타인이 이러쿵저러쿵 비평하는 것이 두렵기 때문이다.

무수한 사람들이 남녀노소를 불문하고 떳떳이 자기가 하고 싶은 대로 하지 못하는 것은 제3자의 비난이 두렵기 때문이다. (어떤 관계에 있는 사람이건, 의무라는 명목 아래 개인의 뜻을 잃게 하고 그 사람의 독자적인 생활권을 빼앗는 것은 용서받을 수 없는 일이다.)

사람들은 흔히 사업상 기회가 와도 그것을 붙잡으려 하지 않는다. 그 까닭은 찬스라 해서 덤벼들었다가 실패하면 이러니저러니 비평받을까 봐 두렵기 때문이다. 그런 경우에는 성공하고 싶다는 욕망보다는 비난을 두려워하는 심정이 훨씬 더 강하다.

또 목표를 높이 내걸기를 꺼려하는 사람들이 너무나 많다. 그 사람의 능력으로 보면 당연히 가능하다고 여겨지는 목표인데도 내걸지 않는 경우가 많다. 친구나 친척들로부터, 손도 닿지 못할 것을 바라는 건 미친 사람의 짓이 아니냐는 비판을 받고 싶지 않기 때문이다.

내가 20년 동안 개인적으로 성공한 이들의 철학 체계를 세우기 위해 골몰해 있을 때의 일이다.

카네기는 나에게 "자네 머리에 맨 처음 떠오르는 생각은 남들이 무엇이라고 말할까 하고 타인의 비판을 두려워하는 것일 걸세."라고 했다.

이 조언이 있었으므로 나는 여태까지 생각하지도 못했던 높은 목표를 내걸게 되었던 것이다.

나의 마음속에는 핑계를 마련하고 변명을 늘어놓으려는 생각이 번개처럼 머리를 쳐들었는데 그것은 모두가 '타인의 비판을 두려워하는 데서 온 것' 뿐이었다. 나의 마음속에는 다음과 같은 생각이 끊임없이 떠돌고 있었다.

'세월이 걸려야 한다. 남들이 뭐라고 할지 알고 있느냐? 그 동안의 생활비는 어떻게 벌어들일 작정이지? 지금까지 성공철학이니 뭐니 하는 따위의 체계를 세우려고 한 자가 어디 있었느냐 말이다.

너한테 무슨 권리가 있기에 그런 일을 할 수 있단 말이냐. 너는 도대체 어떤 인간이냐? 어째서 그렇게 분에 넘치는 목표를 내걸었느냐 말이다. 가난뱅이 가정에 태어났다는 사실을 잊어서는 안 된다. 어디서 그런 철학 따위를 걸치고 왔단 말이냐? 세상 사람들은 미친놈이라고 할 게다. 실제로 나는 그런 소리를 들었다. 내가 할 수 있는 일이라면 이미 벌써 다른 사람이 해냈을 게 아니냐?'

이와 같은 갖가지 의문이 떠올라서 나는 깊은 생각을 해야 했다. 나는 전세계 사람들 모두가 (카네기의 조언에 따라 해 내고야 말리라 그렇게 다짐했던 욕망을) '어리석기 짝이 없는 목표이다. 포기하라.' 하고 경고하는 것처럼 느꼈다.

나는 여러 차례나 대망을 수중에 넣기 전에 포기해야 할 상태를 맞았다.

나중에 나는 몇천 명의 사람들을 분석 조사한 결과 다음과 같은 사실을 발견했다.

아이디어란 거의 모두가 갓난아이와 같이 연약하기 짝이 없는 것이다. 명확한 계획이란 직접행동이라는 생명을 넣어줘야 비로소 빛을 발하는 것이다.

아이디어는 탄생하자마자 곧 보호해 줄 필요가 있다. 아이디어는 1분간이라도 더 오래 살아 있을 수만 있다면, 그것은 자라날 가능성이 있는 것이다.

'비판에 대한 공포'는 모든 아이디어를 파괴하는 힘을 지니고 있다. 그 힘이 있는 한 아이디어를 계획대로 행동에 옮기는 일은 절대로 불가능한 것이다.

··· Success Principle ···

6. 돌파구는 스스로 만들라

물질적으로 성공하기까지는 다행히 돌파구가 있었기 때문이라고 많은 사람들은 믿고 있다. 확실히 그렇게 믿을 만한 근거는 있으리라.

그러나 그같은 행운에만 의지한다면 항상 실망밖에는 되풀이할 수 없을 것이다.

왜냐하면 그런 사람들은 눈앞의 성공을 확고하게 잡아주는 중요한 요인을 그냥 보아 넘기고 말기 때문이다. 운수 좋게 만난 돌파구를 유리하게 사용할 수 있게 하는 것은 지식이다.

대공황 시절, 코미디언이었던 필즈는 거의 빈털터리가 되고 말았다. 돈도 떨어지고 일거리도 없고 돈을 벌 만한 흥행거리도 이미 없어진 것이다.

뿐더러 그의 나이는 60을 넘어 코미디언으로서는 과거의 사람으로 취급받고 있었다. 무대 위로 재기하려는 열의를 보였지만 결국 별수없이 새로운 분야인 영화계로 진출하기로 했다.

그런데 설상가상으로 목에 병이 생겼다. 보통 사람이었다면 미상불 여기서 모든 것을 단념하고 은퇴했으리라. 그러나 필즈는 인내심 있는 인간이었다. 그는 그럭저럭 버티어 나가노라면 언젠가 돌파구가 발견되리라 믿고 있었으며 드디어 돌파구를 발견했다. 그것은 결코 우연히 발견한 것은 아니었다.

캔터는 주식 대폭락으로 가진 돈을 전부 잃고 말았으나 도리어 더욱 인내심을 발휘하여 용기를 잃지 않았다. 게다가 특출한 통찰력을 지니고 있어서 1주에 1만 달러의 수입을 올리는 길을 발견함으로써 재기했다. 진실로 인내심만 가진다면 그밖의 지능이 모자란다 하더라도 반드시 뜻대로 해나갈 수 있는 법이다.

누구나가 활용할 수 있는 돌파구, 그것은 스스로 찾아서 열어 나가는 돌파구뿐이다.

그 돌파구는 인내심 없이는 열리지 않는다.

그리고 돌파구를 여는 발판이 되는 것은 목적을 뚜렷이 하는 것이다.

··· Success Principle ···

7. 인내심을 기르는 4단계

인내심을 습관화하여 몸에 배게 하는 데는, 대략 네 가지의 단계가 있다. 이 단계는 지성이 풍부해야 한다든지 고도의 교육을 받은 사람이 아니면 안 된다든지 하는 조건이 없다. 얼마간 시간을 들여 노력하기만 하면 되는 것들뿐이다. 필요한 단계란 다음과 같다.

첫째, 명확하고 구체적인 목적을 가지고 달성을 위한 불타는 욕망을 품을 것.

둘째, 뚜렷하고 구체적인 계획을 가지고 끊임없이 실천에 옮길 것.

셋째, 소극적인 일, 용기가 꺾일 일에 대해서는 굳게 마음을 닫고 돌보지 말 것. 이 속에는 친척이나 친구들의 반대의 충고도 포함된다.

넷째, 계획이나 목표를 수행하는 데 있어서 격려해 주는 사람들과 우호적인 인간관계를 가질 것.

이 네 가지 단계는 인생에 있어서 불가결한 요건이다. 이 책에서 말하는 13개조의 원칙이 목적하는 바도 이 네 가지 단계를 습관화하여 몸에 배도록 하는 데에 있다.

이 네 가지 단계에 의해서 자신이 생각하는 자유를 얻을 수 있으며 독자적인 사고를 할 수 있게 될 것이다.

이 네 가지 단계를 밟으면 아무튼 작은 재산이라도 벌 수 있게 될 것이다.

이 네 가지 단계는 권력과 명성 그리고 세계적 평가를 가져다주는 방법이기도 하다.

그리고 복된 돌파구를 제시할 것이고 꿈을 실현시켜 줄 것이다.

이 네 가지로써 공포, 실망, 무관심을 극복할 수 있는 것이다.

이것을 체득하면 이상에서 말한 막대한 보수를 얻을 수 있다.

그리고 자기가 가고 싶은 곳으로 갈 수 있는 여권을 자기 손으로 쓸 수 있는 특권도 생긴다. 희구하는 인생의 가치가 아무리 높은 것이라 할지라도 그것을 자신에게 가져다주는 것도 이 네 가지의 단계인 것이다.

인내심으로 성공한 사람의 이야기

맥도널드 햄버거의 비밀

　어느 날 오후 필자는 아내와 함께 세계적으로 유명한 맥도널드 햄버거 체인의 설립자 레이 크록 씨의 집에 초대를 받았다. 비록 30분 정도의 대화를 나누었지만 나는 맥도널드의 이면의 인간됨에 관해 많은 것을 배웠다. 그가 말하는 두 가지 이유는 다음과 같은 것이었다.
　첫 번째는 나의 할머니가 정원에서 일하시며 즐겨 들려주시던 말이었다. 즉, "네가 푸른빛을 낼 수 있는 동안 너는 성장하고 있는 것이다. 그러나 네가 익자마자 너는 부패하기 시작한다."
　두 번째 말은 내가 좋아하는 글이었다.
　"세상에서 인내를 대신할 수 있는 것은 아무것도 없다. 재능으로도 대신할 수 없는 것이다. 재능을 가지고도 성공하지 못한 개인들보다 더 평범한 것은 아무것도 없다. 공정하지 않은 천재는 하나의 이야기거리에 지나지 않는다. 인내는 교육으로도 대신할 수 없는 것이다. 세계는 교육받은 낙오자로 가득차 있다. 인내와 결단만이 가장 중요한 것이다."
　그것은 내가 인내야말로 성공의 중요한 비결이라고 믿는 이유이다. 누구나 성공을 원하지만 기꺼이 노력하는 사람은 적다. 대가를 지불하며 요구되어지는 것을 하려는 사람은 거의 없다.

　여기에 내 자작시 한 편을 소개한다. 이것은 나의 교훈과 같은 것이었다.

할 수 있다고 생각한다면 당신은 할 수 있다

당신은 완전한 승리자가 될 수 있다.
비록 시작에 불과한 일일지라도
당신이 할 수 있다고 생각한다면
당신은 할 수 있다.
당신이 할 수 있다고 생각한다면 할 수 있는 것이다.
당신의 재능이나 태생 때문이 아니다.
가지출을 결정하는 것은 당신의 은행수표책이 아니다.
당신의 피부색도 아니다.
당신을 성공케 하는 것은 당신의 태도이다.
당신이 할 수 있다고 생각한다면
당신은 할 수 있다.
당신이 할 수 있다고 생각한다면 할 수 있는 것이다.
당신은 인플레에서도 이익을 얻을 수 있다.
당신은 이민족의 지도자가 될 수 있다.
당신이 할 수 있다고 생각한다면
당신은 할 수 있다.
당신이 할 수 있다고 생각한다면 할 수 있는 것이다.

당신의 과거의 승리는 문제되지 않는다.
반쯤 얻은 승리는 중요치 않다.
궁극적인 것은 결코 끝이 없다.
그러므로 계속 노력하라.
그러면 당신이 성공했음을 알게 될 것이다.

당신의 꿈을 붙잡고 그것을 믿으라.
나가서 일하라. 그러면 성취하리라.
당신이 할 수 있다고 생각한다면
당신은 할 수 있다.
당신이 할 수 있다고 생각한다면 할 수 있는 것이다.

당신이 할 수 있다고 생각하는 것이 첫 번째 단계이다. 장애물을 극복하기 위해서는 몇 주, 몇 달, 몇 해를 인내하는 것이 필수적이다.

The Ten Principle
Of Success

PART 6
자기 이미지 훈련으로
성공한 모습을 그려라

··· Success Principle ···

1. 정신적인 훈련이 중요하다

옛날의 자기 이미지가 매우 강하게 뿌리박혀 있으면, 새로운 자신을 받아들이기가 매우 어려운 경우도 있다. 예를 들어 매우 못생겼던 사람이 매력적으로 변신했다고 하더라도 '매력적인 자신'을 감정적으로 받아들일 수 없는 경우가 있다.

모르츠 박사는 못생긴 매부리코를 성형수술로써 콧날이 우뚝 솟은 환자의 예를 들어서 설명했다. 모르츠 박사는 자기가 집도한 수술 결과에 만족을 느끼면서 환자에게 거울을 주었다.

"아름답게 변한 새로운 자신을 어떻게 생각하십니까?" 하고 기쁜 듯이 물어보는 박사에 대해, 그녀의 대답은 의외로 냉담했다.

"그렇게 잘 되었다고 생각지 않는데요. 아직도 불만이에요."

이럴 경우에 현실의 이미지를 완전히 내면으로부터 변화시키기 위해서는 자기 훈련을 해야 한다.

　자기 훈련이란, 몇 번이고 말과 그림과 사진, 그리고 개념 및 감정을 가지고 자기 자신에게 들려주는 것이다. 자신에게 지금 조금씩 승리로 나가고 있다는 믿음을 주는 과정이 바로 자기 훈련이다.

　승자가 될 사람은 주어진 장소에서 뿐만 아니라, 그 밖의 다른 곳에서도 훈련에 열중한다. 성공하는 자의 단련장은 사무실에만 있는 것이 아니다. 그들은 자신이 하고 싶은 역할을, 맛보고 싶은 인생을 각각 창조하여 남보다 먼저 차지한다.

　내가 알고 있는 성공인들은 직종과 남녀에 관계 없이 상상 속에서 자신의 미래를 예측하고, 정신적 모방을 매일 되풀이하고 있다.

　피겨 스케이트의 세계 챔피언이 된 소련 여성이 이렇게 얘기했다.

　"매일 눈을 감고 마음속으로 각 파트를 연습하고 있습니다. 그래서 넘어지는 일은 거의 없습니다. 눈을 가리고서도 망설임없이 실패하지 않고 완벽한 연기를 할 수 있어요."

　나는 최근에 시카고 행 비행기를 탔다. 옆 좌석에 앉은 남자는 눈을 감고 옆에서 이상하게 느낄 정도로 숨소리를 거칠게 내고 있었다.

　나는 머리 위의 산소 호흡기를 그에게 돌리고는,

　"상태가 안 좋으시면 스튜어디스를 부를까요?"

하고 물었다. 그런데 그는 몹시 난처한 표정으로 말했다.

"죄송합니다. 저는 시카고 심포니 오케스트라의 연주자입니다. 사실은 오늘 밤 연주를 연습하고 있던 중이었습니다. 방해가 되지 않는다면 계속 하고 싶습니다만……."

프랑스의 위대한 스키 선수인 쟝 크로드 킬리는 우선 상상 속에서 자이언트 활강 경기에서 이겼다. 그는 이렇게 말했다.

"스키의 연습이나 자신감을 얻기 위해서는 마음속으로 훈련하는 것이 최고의 방법이다. 스키를 평행으로 하여 체중의 균형을 잡으며, 무릎을 올바르게 구부려 활강하면서 장애물의 위치를 파악하고 눈과 바람과 스피드를 피부로 느낀다. 그러한 것을 활강 전에 마음속으로 체험하고 상쾌한 기분으로 스타트 라인에 서는 것이다. 이미지트레이닝은 챔피언에게 있어서는 승리로 이끌어주는 원동력이며, 초심자에게는 무서움을 이기는 가장 좋은 방법이다. 어쨌든 간에 자신의 상상 속에서는 절대로 넘어지지 않으니까 말이다.

몇 년 전의 〈리더스 다이제스트〉지에 고등학교의 농구 선수를 대상으로 실시한 실험의 결과가 게재되었다. 같은 정도의 힘을 가진 세 개의 그룹으로 나누어 각각 과제를 주었다. 첫 번째 그룹은 일 개월 동안 프리 드로우를 연습하지 못하도록 했다. 두 번째 그룹은 일 개월 동안 체육관에서 매일 한 시간씩 연습했다. 그리고 세 번째 그룹은 1개월 동안 매일 한 시간씩 자신의 머릿속으로 프리 드로우를 연습하도록 했다.

결과는 일 개월 동안 연습하지 않은 그룹의 성공률은 평균 30퍼센트에서 37퍼센트로 떨어졌다. 매일 실제로 연습한 그룹은 30퍼센트에서 41퍼센트로 올라갔다. 그리고 상상속에서만 연습한 세 번째 그룹의 평균은 39퍼센트에서 무려 42.5퍼센트로 올라갔던 것이다.

그런 일이 과연 일어날 수 있는 것일까? 실제로 연습한 사람보다 머릿속으로 연습한 사람의 평균치가 높아진 것은 사실이다. 그 이유는 도대체 무엇일까? 그 대답은 간단하다. 상상속에서는 결코 실패하는 일이 없었기 때문이다.

계속해서 공을 던진다. 이것은 배우기보다는 익숙해진다는 일면의 진리를 가지고 있다. 그러나 실제로 연습하는 선수들은 어떤 독백을 하고 있을까?

'잘 들어갔으면 좋겠다.'

'다음에는 실수가 없겠지.'

'지금것은 운이 좋았어.'

한편, 실수를 했을 때에는 이렇게 말할 것이다.

"좀 들어가 다오. 이 바보 같은 농구공아!"

"아이고, 또 안 들어갔군!"

행동을 한 뒤의 독백은 당신이 알고 있는 최선의 자기 이미지와 부합하여, 당신의 목표를 앞의 행동과 별다른 차이가 없는 곳에 가두어 버리려고 한다.

테니스의 스타 플레이어는 라켓이 공에 맞기 바로 전에 어디에 공을 보낼 것인지 머리 속으로 그린다고 한다.

위대한 골프 선수인 톰 왓슨은 실수하는 일이 거의 없다. 그러나 만일 실수한다면 그들은 어떻게 할까? 그들은 머리 속에서 같은 골프채로 다시 한 번 친다고 한다. 그리고 이번에는 당연한 일이겠지만 정확한 위치에 떨어뜨린다.

연습, 연습, 연습 이것 이상으로 승리의 지름길이 있을까?

그렇다. 누구나 모두가 연습하고 있음에 틀림이 없다. 당신이 매일 연습하고 있는 드라이브 쇼트의 실패만 생각해 보기로 하자. 마치 유도 장치가 붙어 있지 않은 미사일 같은 것이다. 우리는 능숙하게 되기 위한 연습보다 나쁜 버릇을 붙이기 위한 연습에 더 많은 시간을 소비한다. 하나를 성공시키기 위해 많은 실패를 거듭하고 있다. 실패의 연습을 하고 실패의 버릇을 길들이고 있었던 것이다.

··· Success Principle ···

2. 암시의 효과

우리는 어떤 분야에 종사하든 비참한 패배자가 되기는 쉽다. 여기서 패배는 습관에 의해 형성된다. 더구나 패배를 습관화하게 되면 정신적, 육체적 건강까지도 잠식당하게 된다.

이기는 연습을 해야 한다. 우리는 마치 자신의 도전이 인류 최초의 것이고, 절대로 실패하지 않으며 그것이 세상의 주목을 받고 있는 것처럼 이기는 연습을 해야 한다. 우주 비행사는 승리하기 위한 자기 훈련으로 성공한 살아 있는 견본이다. 아폴로의 승무원들은 출반 전부터 '곧 달에 도착합니다.' 하고 연습하고 있다.

우주 비행사는 '어떻게 될 것이다.'의 달인이다. 바다에 떠 있는 고무 보트 위에서 아래로 뛰거나 구르거나 하면서, 우주 공간에 있는 것처럼 사막에서 모의 달 착륙선을 사용하여 연습한다.

NASA의 과학자들이 어떻게 하면 무사히 착륙하고 돌아올 수 있다고 가정하여 만든 수백 가지의 매우 중요한 연습 동작이 있다. 우주 비행사들은 오늘도 내일도, 그리고 앞으로 여러 달씩이나 이런 연습 동작들을 되풀이하여 기억하고 반복적으로 연습한다.

그 훈련을 마친 날 암스트롱은 드디어 달에 첫발을 디뎠다. 그는 그 첫인상을 휴스톤의 관제실로 이렇게 보내왔다.

"아름다웠다. 그리고 마치 연습할 때와 꼭 같았다."

그 뒤의 달 탐색에서 아폴로의 선장인 콘라드는 이렇게 말했다.

"마치 옛날의 보금자리로 돌아온 느낌이다. 이미 몇 번이나 이곳에 온 것 같은 기분이 든다. 결국 우리는 이 순간을 위해서 과거 사년 동안 계속 리허설을 되풀이했다고 할 수 있으리라."

'정말로 그럴까?' 하고 당신은 의심할지도 모른다. 분명히 이 우주 계획은 수십억 달러라는 국가의 자금과 천재적 두뇌가 뒷받침해 주고 있다는 사실을 잊어서는 안 될 것이다. 그렇다면, 그 누구의 도움도 빌리지 않고, 또한 자금도 없이 철저한 자기 훈련을 행한 사람이 과연 있을까?

불가리아의 수도 소피아에 사는, 정신병의학계에서 세계 제 1인자인 게오르드 로자노프 박사는 알고 있다. 그는 두뇌에 관해 유명한 발견을 했다. 그에 의하면 인간의 두뇌는 대량의 데이터를 보존하며, 그 데이터를 거의 완벽에 가까운 완전성으로 재현할 수 있을 정도의 놀라운 능력을 가지고 있다고 한다. 그것은 이 분야에 있어서의 가장 획기적인 발견이었다.

로자노프 박사는 암시 강화 학습법을 개발했다. 이 학습법은 1980년대에 세계적으로 유행한 '암시법'이라든지, '암시 학습법' 등의 기초가 되었다. 불가리아에서 시작하여 국제연합의 인정을 받은 이 학습법은 암시 심리학, 심리극, 반복 경청 등의 기술과 결합하여 마음과 두뇌를 더욱 광범위하게 활용할 수 있는 혁신적인 것이 되었다.

로자노프 박사는 스스로의 이론을 외국어 학습에 적용시켜 그 효과를 시험했다. 이 시험 결과, 초등학교 1학년 학생이 단 하루에 1000단어의 외국어를 습득할 수 있음을 알게 되었다. 더구나 고등학생이 배우는 복잡한 대수 방정식을 초등학교 1학년 학생에게 가르칠 수 있다는 사실까지도 발견하여 세계의 교육자들을 감탄시켰다. 이 실험의 피실험자는 매우 평범한 지능을 가진 여섯 살짜리 어린이었다. 자기 암시의 힘은 이 정도로 크다고 말할 수 있다.

··· Success Principle ···

3. 성공의 이미지를 갖자

역사책이나 다큐멘터리에는 인생의 승자들이 많이 등장한다. 그들은 강한 결의와 남다른 정력으로 여러 가지 장애를 극복하고서 성공을 거둔 사람들이다. 인생에서 승리하기 위해서는 도움이 될 만한 것이 아무것도 없더라도, 자신의 힘이 미치는 범위 내에서 최대한 노력하여야 한다.

성공자들의 전기를 통해 알 수 있는 것은, 그들은 끊임없이 자기 훈련을 쌓고 있었다는 사실이다.

좀더 최근의 일로는 베트남에서 귀국한 포로를 예로 들 수 있다. 그들이 자신과의 싸움에서 이기기 위한 훈련 모습은 듣는 사람에게 큰 감동을 준다.

포로들은 자유를 박탈당해서 해야 할 일이 아무것도 없는 세월을

짧게는 삼 년에서 길게는 칠 년을 보냈다. 이 기간 동안의 그들의 습관이나 일과에 관해서 듣거나 글을 읽은 사람도 있을 것이다. 장래의 희망이 없고, 내일을 예측할 수 없는 곳에 갇혀 있다면, 당신은 무엇을 할 것인가? 잠을 자든지 독서를 하거나, 기가 죽어서 아무것도 할 마음이 생기지 않던지 아니면 자신을 불쌍하게 여기고 포로가 되지 않은 동료들을 부러워하든지 또는 포로 수용소를 자기 개선의 장소로 삼고 그것을 향해 노력할 것이다.

베트남에 역류되었던 포로들의 대부분은 수용소를 자기 개선의 장소로 삼았다.

포로들 중 몇 사람은 막대기와 끈으로 기타를 만들었다. 손으로 만든 악기는 음이 제대로 나지 않는 조잡한 것이었으나 기타를 칠 수 있는 사람은 음을 상상하면서 연습했다. 기억을 더듬으며 연주했다. 새로운 코드나 손가락의 위치, 좋아하는 노래를 서로 가르쳐 주었다.

그리하여 7년의 긴 세월 동안에 전혀 기타를 치지 못하던 사람도 마침내 남못지 않은 기타리스트가 되었던 것이다.

하노이 힐튼에 수감되어 있던 포로들은 피아니스트가 되었다. 그들은 납작한 판자에 꼭 같은 크기의 건반을 연필로 그렸다. 손수 만든 피아노는 소리가 나지 않았으며, 건반을 움직일 수도 없었으나 포로들은 매일 연습했고, 좋아하는 곡을 연주하며 즐거워했던 것이다.

수용소에서는 여러 가지 많은 신체운동이 성행했다. 아무것도 할 일이 없을 때에는 몇 시간씩 앉아 있을 수 있는지를 겨루었다.

미국인 포로들 중에는 외국어를 알고 있는 사람도 많았다. 그들은 서로 외국어를 가르쳐주었기 때문에, 귀환자 중에는 3개 국어를 유창하게 말할 수 있는 사람도 꽤 많이 있었다.

하노이 힐튼에는 성서가 없었다. 그러나 포로들은 성서를 만들었다. 일요일에 예배를 보기 위해 몇백 개의 중요한 구절을 서로의 머리를 짜내어 모은 것이다.

포로들은 자신이 알고 있는 기술을 서로 가르쳐주었다. 또한 어릴 때의 경험이나 가치관을 공통의 화제로 삼고서 끊임없이 얘기를 나누었다. 독방에 있는 동안에 머리 속에 완전한 일기를 쓰거나 좋은 돈벌이가 될 아이디어를 수백 개나 생각해 내기도 했다.

여러 가지 화제 속에서 가장 중요했던 것은, 위대한 미국의 초석이 되었던 이상을 상기하며 나누어 가진 일이다. 그렇게 함으로써 그들은 사물을 객관적으로, 그리고 대국적으로 볼 수 있게 되었다. 이것은 포로가 된 성과의 하나로서 남았다.

자기 훈련이란 무엇인가? 승자가 되는 자는 승자의 지위를 획득하기 전부터 승자로서 입장을 책임질 수 있도록 연습하며 일하는 것을 말한다. 성공을 쟁취하기 위한 최대의 도구는 '상상력'이라는 것을 알고 있는 자야말로 성공할 수가 있다. 이것은 생사 기로에 있는 전쟁 포로의 세계에서도 통하는 진리이다.

어떤 어려움이 닥쳐도 결코 물러서서는 안 된다. 포기해서도 안 된다.

만일 좌절한다고 하더라도 자기 스스로 일어서며 실패의 원인을 찾아내어 그것을 배제한 뒤에 또다시 처음부터 시작해야 성공한다. 물론, 같은 실수를 되풀이하지 않고 전진할 것을 생각한다.

우선 자기 자신에게 이기기 위한 규칙을 알고 있어야 한다. 자신으로서는 도저히 불가능하다고 생각되는 일이라도 자신이 가능한 범위 내에서 최대한의 힘을 발휘한다. 자신이 가능한 범위란, 가능하다고 상상하는 범위인 것이다. 이 상상력을 사용하는 방법을 연습하라. 잠자기 전에 연습하라. 눈을 뜨면 곧바로 연습하도록 하라. 샤워를 하면서도, 자동차를 운전하면서도…… 언제 어디에서나 연습해야 한다.

이기는 일을 습관으로 삼아라. 낭비할 시간이 없다.

행동지침

1. 이제부터 몸과 마음을 훈련시키는 곳을 찾아가서 예약을 하라. 1개월 동안 훈련받도록.

   컴퓨터 게임이나 대학에 있는 훈련 시설 등에 찾아가도록 하라. 지금 당장 모의 실험 기술의 현황을 체험하도록 하라.

2. 시청각 훈련과 모의실험 기술에 관한 CD를 사서 듣도록 하라.

기분 푸는 방법을 익히고, 좀더 감수성이 풍부한 독백을 되풀이하도록 하라. CD에 자신의 목소리로 자신의 목표를 녹음하라. 어떤 영감을 줄 수 있는 음악을 들으면서 그 CD를 동시에 듣도록 하라.

3. 반드시 해야 하는 일임에도 불구하고, 하고 싶지 않아서 뒤로 미루고 있는 일을 5가지 써 보라.
그리고 각 항목마다 종료 기간을 정하라. 각각의 일에 착수하여 그 기간 내에 완료시켜 보라. 하기 싫은 일에 대해서는 곧 행동을 시작함으로써 스트레스와 긴장을 줄이도록 하라.

4. 목표를 설정하고 구체적으로 생각할 때, 이미 실현된 것처럼 달성한 모습을 정확하게 시각적으로 떠올려 보라.
예를 든다면 남자는 체중 72kg, 여성이라면 48kg을 목표로 한다면, 그 체중을 가진 자기가 테니스복이나 수영복을 입고서 건강하고 아름답게 약동하고 있는 모습을 선명하게 떠올려 보도록 하라.

5. 스포츠 중계, 특히 축구 경기 중계 시에 중요한 득점 장면을 즉시 느린 동작으로 다시 보여준다. 그것과 마찬가지로, 머리속에서 중요한 목표 달성의 이미지 재현을 몇 번이고 되

풀이해 보는 것을 일상적인 훈련으로 실시하라.

매매를 성립시켰을 때, 많은 사람들 앞에서 얘기를 했을 때, 종업원에게 훈시를 했을 때, 운동 경기에 참가했을 때, 사랑하는 사람과 데이트 했을 때, 그 어느 경우든 간에 인생의 중요한 사건 뒤에는 자기 이미지를 높일 수 있는 독백을 말하도록 하라.

독백은 승리하기 위하여 필요한 최고의 이미지를 가지도록 작동한다. 잘했을 경우에는 '이것은 정말로 나답구나' 하고 말이다. 결과가 나쁠 때에는 '나답지 않아. 나라면 훨씬 더 잘했을 텐데.' 하고 재빨리 말한다. 그리고 그 실패한 행위를 머리 속에서 올바르게 재현해 보도록 하라.

6. 목표를 올바르게 머리 속에 그려 넣는데 가장 적합한 시간은 자유롭고 긴장을 풀고 있을 때이다.

 막 잠에서 깨어난 아침의 몇 분간, 화장실에 있을 때, 샤워를 하고 있을 때가 바로 그런 시간이다. 마음속에 그다지 잡념이 들어오지 않은 출퇴근 시간도 적합할 것이다.

혼자 있는 경우에는 점심 식사 후의 휴식 시간도 괜찮다. 아침, 점심, 저녁에 산책하는 것도 좋다. 그리고 최적의 시간이라고 말할 수 있는 시간은 밤에 느긋하게 의자에 앉아 있을 때나, 침대 속에서 잠자기 전에 꾸벅꾸벅 졸고 있을 때일 것이다.

7. 자신의 목표 달성에 관한 예행연습은 끈기 있게 계속하도록 하라.

패하는 것이나 승리하는 것은 모두 습관이다. 그래서 훨씬 이전부터 취해 오던 태도나 생활습관을 극복하고 변화를 가져오기 위해서는 몇 주일, 또는 몇 개월에 걸쳐서 일관되게 연습할 필요가 있다.

8. 생활 속에 구기 운동을 끌어들이도록 하라.

이것은 긴장을 풀고 스트레스를 해소시키며 신체를 단련시키는 데 필요하다. 핸드볼, 탁구, 테니스, 골프 등 공을 때리는 운동은 스트레스를 육체적으로 발산시킬 수 있는 운동이다. 샌드백을 두들겨도 좋다. 이러한 일은 마음 속에 담겨져 있는 스트레스를 해소하는 데에도 도움이 된다.

9. 적어도 1주일에 세 번은 조깅을 하거나 장거리를 걷도록 하라.

이것은 심폐 기능을 강화시켜 주는 훈련이다. 가장 적합한 거리는 2km에서 3km가 좋다.

··· Success Principle ···

4. 긍정적인 말을 하라

　캐나다 맥기르 대학의 소니아 루피엥 박사는 노인 92명을 대상으로 15년에 걸쳐 '뇌기능테스트'를 조사하였다. 그에 의하면 자부심이 약한 사람이 강한 사람에 비해 뇌의 기능이 약 20% 작은 것으로 나타났다. 그러나 부정적인 생각을 가진 사람도 심리 치료를 통해서 긍정적인 사고방식으로 바꾸면 기능이 제대로 돌아온다고 하면서 그 방법으로 '나는 할 수 있다.'는 긍정적인 말을 자기 자신에게 하는 방법을 권했다.

　긍정화, 즉 긍정적인 말을 하는 것은 시각화에서 가장 중요한 요소 가운데 하나로, 긍정화한다는 것은 소망하고 있는 것을 간단하게, 확실하게 만들어 주는 효과가 있다. 즉 자신에게 무엇인가가 이미 그렇게 되고 있다는 강한 긍정의 말을 해주는 것이다. 소망하고 있는 것을 확실하게 만들어 주는 하나의 방법이다.

우리는 거의 매순간 마음속으로 내면의 대화를 하고 있다. 마음은 스스로에게 자주 말을 걸면서 삶과 세계는 물론 각자 가지고 있는 문제와 다른 사람에 대해서 쉬지 않고 이야기를 하고 있다. 마음속에서 행해지고 있는 말과 행동이 매우 중요한 것은 바로 이런 점 때문이다.

마음속에 벌어지는 이런 내면의 대화는 일상적인 사건을 인식시키는 데에 영향을 미치고 색깔을 입힌다.

긍정화 즉 자기 자신에게 긍정적인 말을 하는 방법은 속으로 할 수 있고 소리 내어 할 수도 있으며 노트에 적으면서도 할 수 있다. 어떤 식으로 하든 하루에 10분씩만 해도 오랫동안 굳어 있던 낡은 습관에서 쉽게 벗어날 수 있을 것이다.

습관적으로 부정적인 말이 입에서 나오려고 하면 그 즉시 자신에게 긍정적인 말을 하도록 한다.

자신에게 할 수 있는 긍정적인 말로는 여러 가지가 있을 수 있으나 대표적인 것을 들면 다음과 같은 말을 들 수 있다.

- 자신에게 할 수 있는 긍정적인 말.
- 나는 모든 면에서 하루가 다르게 발전하고 있다.
- 필요한 모든 것들을 힘들이지 않고 얻을 수 있다.
- 필요한 것들은 이미 내 안에 들어 있다.

- 나는 지금 내 삶의 원대한 목표에 모든 것을 맞추고 있다.
- 모든 일들이 착착 진행되고 있다.
- 원하는 것들을 갖는 일은 나에게는 문제가 없어.
- 모든 일들이 마냥 즐겁기만 해.

'이미지 훈련' 원리로 성공한 사람의 이야기

중국의 유명한 피아니스트
류 쉬쿤

　　세계적으로 유명한 중국의 피아니스트 류 쉬쿤은 차이코프스키 콩쿠르대회에서 2등을 하여 세계 음악인들의 주목을 받았다. 그는 유럽 등 세계 곳곳을 누비며 연주 활동을 하였다. 그러던 그가 모종의 정치적 혐의를 받아 중국 정부에 의해서 감옥에 수감되었다.
　　이 소식을 접한 많은 음악인들은 그의 피아노 연주를 더 이상 볼 수 없게 된 것에 대해서 안타까움을 표시했다. 감옥에 갇혔기 때문에 더 이상 피아노 연주를 할 수 없기 때문이다. 그의 아까운 재능이 이것으로 끝나는 줄 알고 많은 사람들이 아쉬워했다.
　　쉬쿤은 꼬박 6년 동안 감옥에 갇혀서 생활을 했다. 물론 감옥 안에서 피아노를 칠 수 없음은 당연하다.
　　그 후 석방된 쉬쿤은 연주활동을 하겠다고 선언하였다. 비평가를 비롯하여 많은 사람들은 그의 연주에 크게 기대를 하지 않았다. 왜냐하면 옥중에서 6년 동안이나 피아노를 접할 수 없었기 때문이다. 다만 옛날 명성을 지닌 그에 대한 예우 차원에서 연주장에 사람들이 몰렸다.
　　그러나 막상 연주가 시작되자 사람들은 깜짝 놀랐다. 그의 연주가 전보다 훨씬 능숙해진 것이다. 사람들은 깜짝 놀랐다. 그러자 한 평론가가 그에게 물었다.

"당신은 6년 동안 연주할 시간이 없었을 텐데 어떻게 이렇게 훌륭한 연주를 할 수 있습니까?"

그러자 쉬쿤은 웃으면서 이렇게 말했다.

"저는 감옥에서 하루도 빠지지 않고 피아노 연주를 했습니다."

"감옥에서요? 아니, 어떻게 말입니까?"

"네, 마음속으로 그리고 생각으로 하루도 빠지지 않고 매일 연주를 했습니다."

쉬쿤은 마음속으로 시각화로 옥중에서도 연주하여 훌륭한 연주자가 된 것이다.

인간은 환경과 관계없이 상상력으로 얼마든지 자신이 원하는 것을 이룰 수 있다.

··· Success Principle ···

1. 혼란의 시대

오늘날은 혼란의 시대이다. 많은 사람들이 이러한 시대를 살면서 미래가 좀더 밝은 전망으로 우리에게 좋은 시대를 만들어 주기를 바라고 있다. 일반 사람들은 집값이 안정되고 경제가 안정되어 순탄하고, 공기도 맑고 생활이 복잡하지 않았던 즐겁고 좋은 날로 되돌아가기를 바라고 있다.

신문을 펴면 사설난에 다음과 같은 글을 볼 수 있다.

"우리들에게 세계는 너무나 크다. 움직임이 너무 많으며 범죄가 많고 폭력과 자극이 지나치게 많다. 노력해도 의사에 반해 경쟁에서 뒤지고 만다. 페이스를 유지하는 데는 부단한 긴장이 필요하며…… 그래도 지고 만다.

과학은 그 발견한 것을 너무나 빨리 사람들에게 주입하므로 사람들은 혼란중에 희망을 잃고 과학의 갖가지 발견으로부터 비틀거리고 있다.

정치 세계는 너무나 신속하게 뉴스가 바뀌어 등장한 인물, 퇴장한 사람을 쫓아가기만 해도 숨이 차다. 모든 일에서 압력이 높아지고 있다. 인류로서는 이 이상 견디기 어렵게 되었다."

이 사설은 지난주 또는 어젯밤 쓰인 것처럼 보이나 실제로는 160여 년 전인 옛날, 1833년 6월 16일에 '더애틀랜틱 저널'지에 실렸던 것이다. 그때야말로 '좋았던 옛 시절'이 아니었던가? 이런 일은 당신에게나 내게 어떤 의미를 가지고 있는 것일까? 이것을 통해 무엇을 배우고 있단 말인가? 나는 160년 전에 쓰인 간단하고 너덜너덜하게 된 이 사설이 성공의 열쇠를 한 가지 가르쳐 주고 있다고 믿고 있다.

··· Success Principle ···

2. 오늘에 감사하고 기뻐하라

　　미국 어느 곳에서든 고등학교의 집회나 졸업식에서 학생들에게 이야기할 때 나는 미국의 현황을 즐겨 이야기한다. 내일의 지도자가 될 운명에 놓인 젊은 세대는 우리가 녹아서 없어지려고 하는 것도 아니고 폭발해서 없어지려고 하는 것도 아니라고 아무리 이야기해도 믿어주지 않는다.

　　여러분이 1년 동안 목격하는 변화는 우리들이 선조들이 평생 동안 목격한 모든 변화보다 많을 것이라고 이야기한다. 실제로 그다지 좋지 않았던 또는 좋았던 옛날에 대해 이야기하면 학생들의 눈은 휘둥그래진다.

　　미국의 10대들에게 들려주는 좋았던 옛날이란, 제 1~2차 세계대전과 한국전쟁 무렵이다. 말들이 콜레라 때문에 뉴욕거리에서 죽어간 19세기에서 20세기로 넘어가는 대목을 이야기한다.

장작과 석탄을 때서 물을 데워 큰 가마솥에 들어가 목욕하던 지난날에 대해 이야기한다. 그 좋은 시절에 우리는 먼저 들어간 사람이 쓰던 물에서 목욕했다. 아저씨를 따라가면, 운명이 인도하는 곳, 양돈 농가에 사는 옷깃 주위의 고리를 붙이는 대신 사람 주위에 고리를 달아 노예를 부리고 있었다.

나는 10대와 청년들에게 소아마비 · 디프테리아 · 성홍열이 유행했던 좋은 시절에 대해 이야기해준다. 그들은 소크(Jonas Salk : 소아마비 왁진의 발견자)의 이름조차 들은 적이 없는 것이다.

1940년대와 1950년대에는 소아마비에 걸려 마비되거나 발이 자유롭지 못하게 되거나 또는 소아마비로 죽는 것이 무서워 무더운 여름에도 풀장이나 영화관에도 가지 못했던 이야기를 하면 내가 무슨 말을 하고 있는지 이해하지 못한다. 이 사람들은 가솔린 할당시대에 매월 수 갤런의 가솔린을 사기 위해 차의 방풍 유리에 붙인 A, B, C의 스티커 얘기는 들어보지도 못한 것이다.

1857년 11월 13일자 〈보스턴 그로브〉지의 표제를 보이자 아이들은 의아해하는 것 같았다. 표제에는 '에너지 위기의 조짐'이라고 되었고 부표제는 '세계는 깜깜해지는가? 부족되는 고대 기름'이라고 쓰여 있었다. 나는 아이들을 위해 그 잿빛, 11월의 차디찬 아침에 이 조간을 들고 표제를 훑어본 전형적인 미국인의 시나리오를 만들어주었다. 남편은 아마 아내에게 이렇게 외쳤을 것이다.

"여보, 조간 보았소? 최악의 에너지 위기가 덮쳐올 것 같은데."

현대가 나쁜 일을 지나치게 강조하고 있다는 것을 아이들은 겨우 이해하기 시작했다.

아이들의 부모나 교사들과 친구는 세상 일이 점점 나빠지는 것 같은 불만을 말하고 있다. 아이들은 내게 핵에 대한 재해와 원자력 발전소에 대해 질문했다. 나는 정직하게 말했다. 일본은 원자력 에너지에 크게 의존하고 있으며 소련은 전력의 60%가까이를 원자력 발전소에서 얻고 있다.

나 자신으로서는 위험도가 높은 핵분열보다는 레이저 융합에 기대를 걸고 있고, 나는 또 뉴스 캐스터가 에너지에 관한 앞으로의 전망에 대해서 한 말을 믿고 있다.

"전기를 사용한 첫 제품이 전기의자였다고 한다면 우리들은 포스터 스위치를 꼽는 일조차 두려워했을 것이다."

역사를 돌이켜보면 언제나 최악의 경우와 최고의 경우를 찾아볼 수 있다. 그것은 우리가 무엇을 바라는가에 따라 결정되는 것이다.

'지금, 바로 현재야말로 좋은 나날이다.' 라는 것이 열쇠인 주요 이유의 태반의 사람들이 이른바 현재의 문제 위에 살면서 과거의 좋았던 시절을 기억하고 있는 일이다.

또 이것을 가장 소중히 해야 할 열쇠가 되는 또 하나의 이유는 대부분의 사람들은 많은 문제라는 것이 결코 진귀한 것이 아니라는 일을 역사에서 배우지 못한 데 있다. 그러나 가장 중요한 이유는 많은 사람들이 자기들에게 생산성과 실적이 결여돼 있음에도 이를 정당화하기 위해 현재의 상황은 차원이 다르게 두렵다고 강조하고 있는 일이다.

··· Success Principle ···

3. 좋은 옛날이 바로 지금이다

 성공의 일곱 번째 비결은 좋은 옛날이 바로 지금이라는 것을 아는 것이다.
 각 세대가 자기들의 세대야말로 역사상 가장 긴급을 요하는 곤란한 환경에서 생활하고 있다고 하면서 자기들의 입장을 한탄하고 있다. 광란의 세계에 대해 불평하고, 안 보면 그만이라는 식으로 외면한 채 실제로 팔을 걷어붙이고 문제와 부딪쳐 해결하려고 하지는 않는다. 자기들의 문제는 조상들 또는 정부의 책임이라고 비난하며, 또 새로운 미국인이라고 할 기분전환, '에스케이프 코트 : 희생양'를 쫓을 수 있다. 에스케이프 코트란 여럿이 달리거나 숨거나 하여 '술래'가 되는 누군가를 찾으려는 게임이다.
 청년을 위한 강의와 세미나에서는 반드시 내일의 지도자들에게 좋은 옛날의 매일이란 바로 지금이다. 지금이야말로 우리가 살아가는 시대이기 때문이라고 말한다. 현재야말로 우리가 살아가는 유일한 시대인 것이다. 현재는 우리의 시대이다. 나는 젊은이들에게 장밋빛 이야기도 하지 않고 어두운 빛 이야기를 하지 않는다. '행복한 폴리애너(맹목적인 낙관론자)' 이야기를 지나치게 하지 않는다.

현재도 11세 또는 12세의 소년, 소녀 선수들이 우리들의 아버지 대에 이룩한 올림픽 기록을 깨뜨리고 있다.

··· Success Principle ···

4. 현재의 삶에서 가치를 찾자

필자는 얼마 전에 기독교를 믿게 되었다. 기독교에서는 천국이라고 하고, 불교에서는 극락이라고 하는 죽음 후의 세계에 대해서 그곳이야말로 우리 모두가 평화롭고, 행복하고, 근심걱정 없는 곳으로 상상한다.

또한 굶주림, 다툼, 투쟁, 실망이 없는 곳이라고 상상한다. 물속에 낚싯대를 대면 고기가 잡히고 너무 덥거나 춥지도 않은 곳, 장마나 태풍이 없는 곳, 다른 인간이나 짐승 또한 바이러스를 염려하지 않아도 될 곳으로 생각한다. 그리하여 오늘날 많은 젊은이들이 죽음이 최고의 길인 줄 알고 그 길을 택하고 있다.

천국이 정말 그런 곳일까?

그런데 우리의 삶에서 경쟁과 노력, 기쁨과 즐거움 다음에 뒤따르는 실망, 스트레스, 긴장은 필요한 것은 아닐까? 때로는 패배도 중요한 것이 아닌가? 하루를 마치는 순간에, 우리의 인생이 다하는 순간에, 지치고 기진맥진하는 편이 낫지 않을까? 언젠가는 지칠 것이라는 현실을 받아들이면서 어려운 문제와 부딪칠 때마다 애쓰고 때로는 극복하는 편이 낫지 않을까?

우리가 이 세상을 떠난 뒤 사람들이 갖는 우리들에 대한 좋은 기억과 나쁜 추억이 천국과 지옥일 수도 있다.

우리의 이름을 듣는 순간에 그들이 미소를 지을까? 아니면 인상을 찌푸릴까? 그들이 우리와 함께 했던 순간을 그리워할까?

그들은 우리가 전해준 희망을 그들의 삶으로 가져갔는가?

우리는 가족과 친구의 삶에 존재하고 있는가? 어쩌면 우리가 살아 있을 때보다 그들을 떠나고 난 뒤 그들에게 더 소중한 존재가 되었는지도 모른다.

우리는 뒤따를 사람의 일부가 되었는가?

우리가 한 번밖에 살지 못하고 떠나야 하는 이 지구상의 삶이 천국이라고 한다면, 베트남에서 전쟁으로 죽어가고 있는 아이가 "이게 천국이라니요? 말도 안 돼요!"하고 외칠 것이다.

또 상당한 부를 누렸음에도 불구하고 불행하다고 느껴 자살을 하는 사람들도 이곳이 천국이라는 말에 거칠게 항의를 할 것이다.

그러나 어떤 형태로든, 어떤 상황에 있든, 이곳의 삶 자체가 기회라는 것을 알면 아마도 삶을 더 소중히 여기고, 살찌우고 발전시키려고 노력하게 될 것이다. 이제 살아온 나날보다 앞으로의 날이 조금이라도 적다고 생각하는 사람들은 더욱더 그런 생각을 하고 열심히 살아야 하지 않을까?

··· Success Principle ···

5. 잃은 것보다 얻은 것을 생각하자

뉴욕의 한 유명한 평론가 모 씨는 몇 년 전 명절 때 고향으로 가다가 자동차 사고를 당해 시력을 잃었다. 오른쪽 눈만 흐릿하게 보일 뿐이었는데, 글을 쓰고 사는 사람으로 시력을 잃었다는 것은 치명적이 아닐 수 없다. 그 때 그의 나이는 그야말로 그의 삶의 중반에 와 있었다. 그래서 그는 눈 수술을 하기 위해서 유명한 안과 병원을 찾았다. 그 때 그 안과 의사가 평론가에게 이렇게 말했다.

"양초 한 자루가 타면서 내는 흐릿한 불빛을 볼 수 있다면 아예 캄캄한 것보다는 낫지 않습니까?"

그는 그 의사의 말에 용기를 얻었다고 한다.

인생은 잃은 것이 있으면 얻는 것도 반드시 있는 법이다. 결국 모든 일은 생각하기 나름이다. 그 평론가는 시력을 잃었다. 그래서 정상이 아니라고 할 수 있다. 그러나 정상적일 때 얻지 못했던 사고와 열정, 감사 그리고 삶에 대한 기쁨과 소중함을 얻었던 것이다.

사람은 어리석은 존재라 무엇이든지 고생하지 않고 쉽게 얻으면 감사할 줄 모른다.

필자가 아는 어느 회사 사장은 이제 인생의 절반에 막 도달했는데, 백내장으로 시력을 거의 잃었지만, 지금도 현장에서 열심히 일을 하며 이렇게 말했다.

"회사를 그만둘까 생각도 했으나 이대로 물러나면 영영 앞을 못보게 될 것 같아서 조금이라도 시력이 남아 있을 때 더 열심히 일하기로 했지요. 그랬더니 요사이는 오히려 더 잘 보입니다."

그는 시력을 잃고 나서는 뜻밖에 감각이 더 좋아지고 사람 보는 눈이 더 날카로워졌다고 한다. 실제로 그의 회사는 그가 시력을 잃고 나서부터 상승세를 보이고 있다고 한다.

잃은 다음 얻은 것이 무엇인가?

문제는 잃고 나서 얻은 것이 무엇이냐이다. 예를 들어서 시력을 잃고 절망에 빠져 있으면 인생을 파괴하는 에너지가 발생하여 자포자기하게 된다. 그러나 인생을 깊이 생각할 수 있는 기회를 얻었다고 한다면 남은 삶을 다른 인생으로 살 수 있는 것이다.

베토벤은 음악가로서 가장 중요한 청력을 잃은 비극을 맞이했지만, 어느 누구보다도 더 감동적인 명작을 남겼다. 위대한 그의 명곡들은 대부분 그가 청력을 잃은 다음에 작곡한 곡들이라고 한다.

　우리는 해가 갈수록 젊음을 잃어 간다. 사람들은 나이를 먹어가면서 젊음을 잃어 가는 것을 안타까워한다. 그리하여 젊음을 되찾으려고 보약 등 모든 수단을 다 동원한다.

　그러나 이런 생각을 하는 것은 인생에서 뺄셈의 답만 생각하기 때문이다. 비록 뺄셈이 행해지더라도 그것은 인생의 최종 답은 아니다. 인생에서 뺄셈이 작용했다면 분명 더해지고 곱해지는 부분도 존재하기 마련이다.

　현재 삶에 적응하기 위해서는 잃은 것 대신 무엇을 얻을 수 있는가를 생각해보라. 세상에 잃기만 하는 일은 없기 때문이다. 잃은 것보다 얻고 있는 것을 더욱 소중히 생각할 때 길은 자연히 열린다.

··· Success Principle ···

6. 사소한 선택이 모여 인생이 된다

인생은 선택의 연속이다. 인생이란, 나뭇가지처럼 두 갈래로 길이 갈라져 있고, 다시 두 갈래로 갈라져 있는 길과 같다. 이렇게 원래 있던 길에서 점점 갈라지면서 앞으로 나아간다.

지금은 여기 이렇게 서 있지만, 여기까지 오는 과정에 수많은 갈림길을 만났을 것이다. 처음 갈림길에서 두 갈래, 두 번째 갈림길에서 네 갈래, 오십 번째쯤에는 두 갈래에 오십 번을 곱한 수만큼 갈림길이 존재한 것이다. 계산해보면 한 사람의 인생에 무려 1,100조 번쯤 되는 선택의 가능성이 있는 셈이다.

가능성은 여기서 그치지 않는다. 사람들은 누구나 '그 때 내가 오른쪽을 선택해서 지금 여기에 있지만, 만일 왼쪽을 골랐더라면 어떻게 되었을까?'라는 상상을 자주 해본다.

그렇다고 그렇게 생각하는 사람들이 모두 과거에 내린 결단을 후회하는 것은 아니다. 그저 다른 길을 선택한 인생을 상상해보는 것이다. 그러면서 '어쩌면 다른 선택을 했더라면 지금보다 더 나은 삶을 살고 있을지도 모른다.'고 생각해 본다.

이렇게 생각하면 매일 하는 작은 선택 하나에도 큰 의미가 있다는 것을 느낄 수 있다. 대학입시나 취직, 이직처럼 인생의 커다란 갈림길만이 중요한 것은 아니다. 이전의 작은 선택들이 축적되어, 큰 선택을 할 시기에 자신을 이끌어가는 것이다.

새로운 대규모 프로젝트의 실행 여부를 놓고 당신이 하게 될 선택에는 큰 의미가 있다. 이 선택은 당신이 이전에 내린 작은 결정들이 모인 결과이기 때문이다.

그래서 눈에 띄는 큰 갈림길뿐 아니라 평소에 만나는 소소한 갈림길도 늘 성실하고 올바른 태도로 판단해야 한다. 작은 선택이 쌓여 큰 선택이 되기 때문이다.

작은 선택에도 신중을 기하는 자세가 결국 인생의 방향을 결정한다. 당신의 '오늘'은 바로 어제까지 당신이 내린 모든 선택의 결과물이다.

··· Success Principle ···

7. 인생은 나와 시간의 영원한 승부

부자든 가난한 사람이든 똑같이 하루 24시간을 산다. 똑같이 주어진 시간을 어떻게 쓰는가. 사람의 인생은 바로 거기서 나눠진다.

사람은 늘 시간과 한판 승부를 벌이며 살아간다. 오늘날처럼 복잡하고 경쟁이 치열한 시대에는 근무 중에는 쉬는 시간이 거의 없다. 한 가지 업무가 끝나면 곧장 새로운 업무를 시작한다. 게 눈 감추듯 점심 식사를 마치면 곧바로 사무실로 돌아와서 일을 한다. 신문을 훑어볼 시간조차 없다. 정말 하루 종일 잠시도 쉬지 않고 일한다.

그러면서도 최대한 시간을 유용하게 쓰려고 노력한다. 아무리 생각해도 더 이상 시간을 유용하게 사용할 수 없을 정도이다. 물론 특수한 경우에 있는 할 일이 많아서 쉴 시간을 낼 수 없는 특수한 상황도 있다.

 아예 휴식을 취하지 말라는 뜻이 아니다. 업무 도중에 짬을 내서 기분 전환을 하면 효율이 높아질 수도 있다. 그러나 쓸데없이 길게 쉬지는 말아야 한다. 그러다 보면 나쁜 버릇이 생겨 매일 조금씩 더 쉬게 되기 때문이다. 쉬는 시간이 쌓이면 나중에는 엄청난 시간을 낭비하는 습관을 갖게 된다.

 낭비하는 시간과 자신을 위한 자유로운 시간과는 엄청나게 차이가 난다.

 인생은 나와 시간 사이의 영원한 승부다. 1시간 게으름을 피우면 딱 그 시간만큼 뒤처진다. 이 점을 항상 기억해야 한다.

 어느 심리학자는 "인간은 게으름을 피우는 데는 천부적인 재능을 갖고 있다."라고 말했다. 게으름을 피우면 우선 편하기 때문에 게으름이 습관이 되기 쉽다. 게으른 습관은 대단히 강해서 그것을 고치려면 약물 중독을 치료할 때만큼이나 엄청난 결심과 노력이 필요하다.

 누구나 '오늘은 이만하면 됐겠지.' '조금 쉬고 싶다.' 라는 생각을 할 때가 있다. 그러나 한번 느슨해지면 다시는 원래대로 돌아가지 못할까 봐 경계해야 한다. '이런 때일수록 마음을 단단히 먹고 긍정적인 태도로 끝까지 노력하자고' 나 자신을 채찍질해야 한다. 느슨해질 때마다 마음의 나사를 바짝 죄어 봐야 한다.

적응력으로 성공한 사람의 이야기

욕망으로 큰 부를 이룬 록펠러

맨해튼 중심부에는 광대한 면적의 비즈니스 복합 빌딩 군으로 도시 중의 도시라 불리는 곳이 있다. 무려 열아홉 개의 빌딩으로 이루어진 대규모 복합단지인 이곳은 5번에서 7번 애버뉴 사이와 49번가에서 52번가를 차지할 정도로 넓은 규모를 자랑한다. 수많은 기업과 대사관 및 상점이 들어서 있기 때문에 이들 빌딩에 출입하는 인원은 하루 25만 명에서 30만 명에 달하는데 이곳이 바로 록펠러센터다.

이 모든 부(富)를 일군 주인공 록펠러는 1878년 4월, 미국 전체의 정유 능력에 해당하는 연간 360만 배럴을 보유하고 있었다. 시간이 좀더 흐른 1881년이 되자 록펠러는 미국에서 생산되는 석유의 95퍼센트를 손에 쥐게 되었다. 재산 가치를 따진다면 현재 세계 최고 부자인 빌 게이츠의 세 배 정도에 달할 정도로 엄청난 양이다.

물론 그에 대한 평가는 다양하게 엇갈린다. 주로 받는 악평은 '협박과 매수를 통해 거대 독과점 기업을 구축한 아버지'라는 표현이다. 그러나 그의 부정적인 면을 바라보기보다는 다른 부자들과는 근본적으로 다른 그의 삶을 집중해서 분석하는 것이 더욱 좋다. 우리가 관심을 가져야 할 것은 그가 가진 엄청난 돈이 아니라 그를 그렇게 만든 요인이 무엇이냐이다.

언제나 초심을 기억한다.

1955년 록펠러는 그의 인생을 바꿀 질문을 발견한 결정적인 순간과 마주한다. 그해 그는 클리블랜드의 센트럴 고등학교를 졸업하고, 곡물과 다른 상품을 위탁 판매하는 업체인 '휴이트 앤드터틀'의 경리과 직원으로 입사해 회계장부를 기입하는 일을 했다.

록펠러는 첫 직장에 취업한 9월 26일을 그의 두 번째 생일로 기념할 정도로 정말 열심히 일했다. 대단한 일도 아니었고, 자기 사업도 아니었지만 훗날 이렇게 노력한 것이 언젠가 자신에게 쓸모가 있을 것이라 생각하며 자신의 회사인 것처럼 열심히 일했다. 조금이라도 자신의 행동이나 일 처리가 흐트러진다고 생각되면, 그는 매년 그의 두 번째 생일인 9월 26일마다 초심으로 돌아가는 질문을 던지며 자신을 독려해 나갔다.

초심을 기억하려는 그의 의지는 직장에 다닐 때만 확고했던 게 아니다. 일을 그만둔 후에도 매년 이 날이 되면 그때의 일을 돌아보며 초심을 다졌다. 록펠러는 매년 그가 처음 일했던 장소를 지나가다가 운전사에게 차를 세우게 하고 자신이 일했던 건물을 바라보았다. 그리고 평소의 그 엄격한 표정을 지우고 살짝 눈물까지 머금은 얼굴로 자신에게 물었다.

"저기 건물 좀 봐. 저곳은 내가 주급 4달러를 받으며 처음 일을 시작했던 곳이야. 지금의 내가 그때와 달라진 점이 있나?"

초심을 잃은 사람은 실패를 예약해둔 것과 다를 바 없다. 록펠러는 막대한 부를 이룬 후에도 늘 그가 처음 일했던 곳을 다시 찾아가 초심을 잃지 않기 위해서 노력했다. 성공이란 초심을 기억하고 잃지 않는 사람에게 찾아오는 보답이다. 초심이 더욱 애절할수록 성공 가능성도 높다.

적응력을 키워라

록펠러는 비즈니스는 냉혹하게 했지만 생활은 철저하게 절약, 근면, 성실했다. 그가 평생을 지킨 절약, 근면, 성실은 어쩌면 그의 초심과도 같다. 가난할 때도 그랬지만 세계 최고의 부자가 된 후에도 그는 처음처럼 일기를 쓰듯 개인 회계장부를 썼고, 독실한 기독교 신자로 수입의 10분의 1은 반드시 헌금함으로써 십일조 원칙을 지켰다. 또 평생 술, 담배, 여자를 멀리하는 금욕의 삶을 살았다.

결국 록펠러는 초심을 잃지 않게 만드는 욕망으로 1937년 97세로 눈을 감을 때까지 근 백 년 동안 돈을 벌었고, 평생 많은 재산을 사회에 기부할 수 있었다. 초심은 그의 인생 그 자체였다. 초심을 잃지 않는 욕망은 절대 무너지지 않는다.

··· Success Principle ···

1. 커뮤니케이션의 기본 요소

오늘날 도서관이나 서점에 효과적인 의사전달방법에 관한 서적들이 수없이 많다.

효과적인 대화를 하기 위한 중요한 요소로 여러 가지가 있겠으나 필자는 '사랑과 공감'을 가장 중요한 요소로 꼽는다. 필자가 공감의 의미를 깨닫게 된 것은 에리조나 케어프리에서 열린 짐 뉴먼 박사의 세미나에서였다.

그 세미나에서 뉴먼 박사는 페이스 프로그램이란 것을 실행했는데, 그 프로그램은 회사 간부들이나 결혼한 부부들이 부하들이나 파트너에게 자기의식을 깨우쳐 주는 프로그램이었다.

짐 뉴먼은 4일간의 세미나에서 필자를 위시한 참석자들에게 심오한 진리를 현실에 일어난 사건들과 상황을 예로 들면서 자세하게 설명하여 깊은 인상을 남겼다.

뉴먼 교수가 말한 이야기 중에 하나를 소개하고자 한다.

어느 날 한 부인은 일곱 살 된 꼬마를 데리고 백화점에 쇼핑하러 갔다. 그 때가 마침 크리스마스 전이라 백화점에는 많은 선물들이 진열되어 있었고, 크리스마스 캐롤송이 울려나오고 있었다. 그 엄마는 5세 된 아이를 인형과 산타클로스 할아버지 인형도 있는 진열장에 데리고 가면 신기하게 생각하고 좋아할 것으로 생각하고 그곳으로 데리고 갔다. 진열장 앞에 선 꼬마는 좋아서 즐거워하기는커녕 울기만 하였다. 그래서 엄마는 짜증이 나서 꼬마에게 말했다.

"왜 우니? 나는 네가 진열장에 진열되어 있는 인형과 화려한 백화점을 보면 즐거워할 줄 알았는데,´왜 그렇게 울기만 하니?

그렇게 말하면서 아이를 내려다보니 아이의 신발 끈이 풀어져 있었다. 신발 끈이 풀어져서 그런 줄 알고 신발 끈을 매어주니 그때서야 울음을 그치었다.

그 부인은 아이의 신발 끈을 매면서 아이의 위치에서 백화점 전경을 바라보게 되었다. 진열장에 진열되어 있는 인형은 보이지 않았고, 보이는 것이라곤 너무 높아서 제대로 보이지 않는 화랑과 난로 연통처럼 거대한 다리와 육중한 기둥뿐이었다.

이런 광경은 재미있다기보다도 오히려 공포를 자아내는 광경이었다. 그녀는 아이를 집으로 데리고 가기로 하고 앞으로는 절대로 자기 입장에서 좋아 보인다고 생각하는 것을 아이에게 권유하지 않기로 했다.

백화점을 나서면서 마네킹이 아닌 실제 산타클로스 할아버지에게 데리고 가는 것이 좋을 것이라는 생각을 했다. 그리하여 그 부인은 아이를 데리고 산타클로스 할아버지에게 데리고 갔다. 아이를 맞이한 산타클로스 할아버지는 아이를 반갑게 맞이하면서 무릎에 앉히고는 아이를 간지럽게 하면서 즐겁게 해주었다. 그때서야 그 부인은 아이를 진정으로 즐겁게 해주는 것이 무엇인가를 깨달았다.

세미나에서 뉴먼 박사를 통해 이 꼬마 이야기를 들으면서 참석자들은 진정한 대화를 어떻게 해야 하는가를 깨닫게 되었다. 세미나가 끝날 무렵 필자를 위시하여 참석자들은 인디언 기도가 적혀 있는 책을 보았다. 그 내용은 다음과 같다.

"내가 다른 사람을 판단하거나 비판하기 전에 그 사람의 신발을 신고 걸을 수 있는 지혜를 주소서."

··· Success Principle ···

2. 공감은 커뮤니케이션의 기본열쇠이다

짐 뉴먼의 강의를 들은 후 필자는 커뮤니케이션에 있어서 무엇보다도 중요한 것은 자신의 생각을 말하기 전에 '상대방의 신을 신을 수 있는 지혜' 라는 결론을 내리고 그렇게 하도록 지금까지 노력해오고 있다.

공감은 커뮤니케이션의 열쇠이다. 공감은 상대와 함께 느끼는 것이다. 동정이나 어떤 사랑을 느끼는 것이 아니라 공감은 단지 상대방의 입장이나 관점을 이해하려는 과정이다. 따라서 공감은 당신이 마치 상대인 것처럼 생각하는 것이다.

공감은 20미터를 달리고 있는 마라톤 선수를 보면서 자신의 다리가 아파오는 것을 느끼는 것과 같은 이치이다. 세미나가 끝났을 때 참석자 모두들 마치 자신의 영역에서 챔피언이 된 것처럼 느끼면서 세미나 장을 빠져나갔다. 그러나 필자는 달랐다.

　필자는 희미한 불빛이 비치는 사막을 산책하면서 필자가 배우고 깨달은 것을 생각했다. 낯선 사람처럼 보이는 선인장 나무들은 모래 위에 무언의 그림자를 드러냈다. 그 선인장 사이를 어슬렁어슬렁 거리면서 문득 이렇게 선인장처럼 초연한 자세로 걷고 있는 필자의 모습을 가족들이나 친지들이 보지나 않을까 하는 생각이 들었다.

　필자는 자신이 얼마나 남에게 공감하고 있는지 의심스러웠다. 그리하여 몇 가지 자문자답을 하면서 스스로 깨달았다.

　'내가 나의 자식이라고 했을 때 나의 자식들이 나를 부모로 존경하겠는가?'

　'나는 나 자신과 같은 인물과 결혼하고 싶겠는가?'

　'나와 같은 경영인을 좋아하겠는가?'

　필자는 솔직히 이런 질문에 모두 '예' 라는 대답을 할 수 없었다. 그러나 그 순간 필자는 다른 사람에게 공감하는 방법을 깨달았다. 그리하여 호텔에 돌아와서 방에 들어왔을 때 마음의 문을 열어놓고 필자에게 말하려고 하는 것에 귀를 기울였다.

··· Success Principle ···

3. 상대의 정신에 동조한다

공감을 실천하는 최선의 방법은 상대방의 욕구와 자신과의 차이점에 대해서 민감하게 반응하는 것이다. 성공하는 사람들은 절대적인 관점에서가 아니라 상대적인 관점에서 생각한다.

공감의 시작은, 이 지구상에 있는 모든 사람들은 잠재력과 그 잠재력을 실현할 권리를 가지고 있다고 생각하는 데서 출발한다. 그것은 피부나 이데올로기, 성, 재정 상태, 그리고 지식의 여부가 가치의 척도가 아니라고 이해하는 것이다.

커뮤니케이션의 효과적인 방법은 모든 인간 존재가 유일무이한 독특한 존재라는 것을 받아들이는 것이다. 이 세상에는 똑같은 존재라고는 한 사람도 없다. 쌍둥이도 같지 않다는 것을 알아야 한다.

인간은 지문과 발자국, 그리고 목소리에서도 다 다르다. 인간의 목소리는 각자 다른 독특한 음파수를 갖고 있다는 데서 착안한 AT&T 회사는 전기를 이용하여 즉각적으로 사람의 목소리가 누구의 목소리인지 확인 '소리의 기록' 시스템을 개발하였다.

당신의 이름을 마이크를 통해 내면의 당신 목소리의 진동수를 컴퓨터에 기록한다. 이것은 잘못된 계산이나 신용카드의 분실을 막아 준다. 아무리 훌륭한 성대묘사도 다른 사람의 목소리의 진동수를 흉내낼 수 없다.

인간은 서로 다른 진동수로 말한다. 당신은 가끔 '우리는 같은 정신 파장을 가졌다.'라고 하는 말을 들은 일이 있을 것이다. 인간은 여러 세기를 통해 서로 같은 정신 파장을 이루려고 노력해 왔다. 가정이나 사회, 그리고 직장생활에서 많은 불협화음이 생긴다.

모든 사람들은 서로 다른 귀로 들으며, 서로 다른 눈을 통해서 사물을 보며, 서로 다른 정보를 통해서 인식한다. 당신이 어떤 결정을 내리는 것은 두뇌의 독특한 컴퓨터 판독 시스템에 의해서 결정되는 것이다.

공감은 서로 다른 눈을 통해서 똑같은 상황을 보고 있다는 것을 이해하는 것이다. 어떤 사람은 우울하고 황폐한 거리를 보고 있으며, 어떤 사람은 재개발 계획을 위한 이상적인 전경을, 또 어떤 사람은 자신의 문제에 눌려 아무것도 보지 못할 것이다. 그러나 이 책을 읽고 있는 독자는 그 폐허 속에서 어떤 길을 발견하게 될 것이다.

당신의 눈으로가 아니라 상대의 눈으로, 상대의 세계를 보려고 애쓰는 것은 커뮤니케이션에 있어서 매우 중요하다. 이렇게 하기 위한 좋은 방법은 상대의 장점을 발견하는 것이다. 이때 상대의 생활방식이나 외모는 상관하지 말아야 한다. 상대의 장점을 발견함으로써 사랑을 전달하고 있는 것이다. 사랑은 우리 모두에게 가장 필요한 메시지다.

··· Success Principle ···

4. 커뮤니케이션에 필요한 요소, 사랑 그리고 관심

발렌틴의 편지는 애정이 담긴 러브레터이다. 필자는 진정한 사랑이 무엇인지 알게 하기 위하여 당신에게 발렌틴 편지를 보내고 싶다.

사랑에 기본 정의는 사람에 따라 다르겠지만, 필자는 '소중히 하는 것'이라고 생각한다. 그런데 '소중히 하는 것'의 품사는 명사가 아니라 동사여야 한다. 사랑은 활동적인 감정이다. 그것은 정적인 것이 아니다. 사랑은 그것을 내어줌으로써 가장 잘 보존할 수 있는 몇 가지 방법 중의 하나이다. 사랑은 다른 사람에 대한 가치 부여하는 행위이며, 상대방에 숨어 있는 '선'을 찾아내는 것이다.

L- 사랑은 귀를 기울이는 것(Listen)이다. 어느 누구를 사랑한다

는 것은 아무런 편견 없이 그의 가치와 필요에 무조건적으로 귀를 기울이는 것이다.

O-사랑은 눈감아 주는 것이다. 어느 누구를 사랑한다는 것은 그의 장점을 찾기 위해 결점이나 오점을 덮어주는 것이다.

V-사랑은 목소리다.(Voice) 어느 누구를 사랑한다는 것은 그를 승인해 주는 목소리다. 정직한 격려와 칭찬, 그리고 적극적인 '손길'을 대신할 수 있는 것은 없다.

E- 사랑은 노력이다. 어느 누구를 사랑한다는 것은 사랑과 관심을 보여주기 위해 시간과 희생을 쏟는 계속적인 노력이다.

자기 존중에 대해서 설명하면서 필자는 남을 사랑하기 전에 자기 자신을 먼저 사랑해야 한다고 말했다. 사랑한다는 것은 독립을 요청하며 의존적 필요에 의해서가 아니라 선택을 통해 다른 사람과 함께 나눌 수 있는 것의 기초이다.

진정한 사랑이란 각자 자립할 수 있는 사람에 의해서 이루어지는 관계이다. 오직 독립된 사람만이 사랑의 관계에 들어가느냐 그렇지 않으냐 하는 것을 선택할 수 있다. 의존적인 사람은 필요에 의해서 그러한 관계 속에 머무르게 된다.

오늘날 사람들은 직접적인 만족을 얻으려는 욕망 때문에 의존적이고, 자기애적인 사회를 만들어서 자발적인 커뮤니케이션으로 자신들을 표현할 수 없게 되었다. 그들은 성행위의 기술은 발전시켰지만, 그러한 행위 속에서 자신들의 약점을 드러내기를 두려워한다. 성적 지식이 풍부해졌지만 성행위의 질이 향상된 것은 없다.

어떤 사람들은 밀접한 관계를 심화시키기 위하여 마약을 중간 매개물로 사용하는데, 이는 오히려 고통을 더하기까지 한다. 성관계는 만연한 반면 친근감은 오히려 멀어지는 것 같다.

··· Success Principle ···

5. 수천 마디의 말보다 가치 있는 행동을 하라

어느 남편도 마찬가지지만, 필자도 아내를 사랑한다. 필자는 아내와 함께 생각하고 행동하는 것을 좋아한다. 그러나 필자는 아내에게 의존하지 않는다. 그녀 역시 나를 사랑한다.

필자는 아내가 자신의 평안을 나에게 요구하지 않는다는 것을 알고 있다. 아내는 우리가 만나기 전에도 독립적이었으며 지금도 독립적이다. 우리는 모두 독립적 인격체로서 서로의 가치를 나누고 서로를 보호해 준다.

필자는 아내와 함께 있으면 시간이 화살처럼 빨리 지나가고 우리의 이런 순간들을 빼앗아 가 버린다. 그런데 우리 부부가 서로 떨어져 있으면 시간은 마치 끝없는 사막을 지나가는 것처럼 지루하게 흐른다.

항상 아내는 희귀한 꽃과도 같다. 그녀는 내가 돌봐주지 않고 붙들어 주지도 않고 그냥 가버리면 시들어 버린다. 그러나 보호해주고 가꾸어 주면 활짝 피어오른다. 필자는 아내를 스킨십하기를 좋아한다. 나의 자녀들에게도 그렇게 해준다.

필자는 자녀를 교육시키는 데 있어서 실패한 것이 있다. 그러나 사랑에 관해서는 실패했다고 생각하지 않는다.

필자는 사랑에 관한 그림이나 사랑의 기술에 대한 서적을 많이 탐독하였다.

그러나 필자는 사랑의 효과적인 방법으로는 '수천마디의 말보다 가치있는 행동을 해주는 것' 이라고 생각한다.

필자가 지금까지 본 장면 중에서 가장 가슴이 뭉클했던 장면은 어느 부부가 금혼식을 맞아 남녀 축하객들이 "당신의 금혼식을 축하합니다."라고 노래를 부르는 순간, 서로 두 손을 탁자 위에 포개어 놓고 금혼식을 맞이하는 장면이었다.

돌보는 사람들을 접촉할 때 어떻게 하는 것이 효과적이라는 규정은 없다. 그러나 필자가 소개하는 방법을 소개하고자 한다.

- 🏠 매일 아침 서로를 만족하게 해주는 말이나 행동으로 하루를 시작하는 것이다.
- 🏠 하루의 일과가 끝나고 부부나 가족이 모였을 때 서로에게 짧은 인사를 하는 시간을 가져라.

⌂ 육체적 접촉만큼 가치를 분명하게 전달하는 것은 없다. 평소 당신의 촉감을 사용하라.

접촉은 친밀감을 낳는 마술의 지팡이다. 사랑은 접촉 속에 간직되어 있다.

··· Success Principle ···

6. 듣는 시간을 가져라

친밀, 접촉 그리고 커뮤니케이션은 시간을 요한다. 자녀들과 더불어 가질 수 있는 가장 중요한 시간은 그들이 잠들기 전의 시간이다. 정상적인 가정에서는 대부분의 활동이 저녁에 이루어진다. 예를 들어서 만찬, 숙제, 장부 정리 등이다.

미국 부모들이 그들의 자녀들과 함께 보내는 시간이 하루에 고작 7분이라니 참으로 놀라운 일이다. 어린이들은 그들 부모와 대화를 하는 시간보다 TV를 보는 시간이 더 많다. 자녀들과의 인간관계는 '겨우 7분'이라는 병에 걸려 있는 것이다.

자녀들이 부모에게 필요로 하지 않은 것은 더 많은 충고와 상담이었다. 우리 어른들은 그들의 세계를 경험하지 못했다. 아이들이 어렸을 때 필자나 어른들은 성공이라는 목표를 달성하기 위해 바쁘게 보내었다. 진정한 성공이 무엇인지 알지도 못하면서 말이다.

필자는 또한 건성으로 그들에게 귀를 기울였다. 나 자신의 사업에만 몰두했다. 여기에 모든 정력을 쏟았던 것이다. 어리석은 사람은 바로 나 자신이었다. 그후로 '나는 이런 자신에서 벗어날 수 있는가?' 하는 의문을 가지고 아이들과 함께 대화를 하는 시간을 가졌다.

아이들이 자신들의 세계에 있어서 그들을 흥분시키는 어떤 것을 말할 때나, 그들이 그들의 친구나 친구 부모님에 대해서 말할 때에는 언제든지 나는 그들의 말을 끝까지 귀를 기울이지 않았었다. 이것은 나 자신의 환상적인 경험으로는 그들을 능가할 수 없었기 때문이다.

아이들이 잘못을 했다고 말할 때에도 그저 "내가 뭐랬어?" 하고 맞장구를 치는 정도였다. 그들은 자신의 약점을 인정했고, 부모는 그러는 아이들을 야단을 쳤다. 그런 부모들의 행동은 마침내 미래에 대한 아이들의 개방성을 막아버리는 결과가 되어 버렸다.

어른들이 아이들과 대화하는 방식은 어른들의 성장 과정을 통해서 터득한 것이다. 대화의 결핍이나 능력은 가정 환경의 결과로 유아 시절부터 형성되기 시작한다. 즉 부모들이 사랑으로 교육을 시켰느냐 아니면 자신들의 관심사에만 열중한 나머지 아이들을 돌보지 않았느냐에 달려 있다.

··· Success Principle ···

7. 커뮤니케이션은 내부에서 외부로

좋은 커뮤니케이션의 첫 단계는 깨끗한 용모이다. 이는 수천 권의 책 중에서 좋은 양서 한 권처럼 자신의 내적 가치를 충분한 것으로서 자신에게 중요한 사람들에게 주의를 끌도록 만든다.

훌륭한 대화의 상대일수록 먼저 악수를 청하라. 이것은 상대에게 경의를 표하는 행동이기 때문이다. 그리고 굳은 악수 다음에는 온화한 눈빛으로 상대에게 관심이 있다는 것을 보여주어라. 그 다음에는 자신의 이름을 먼저 말하면서 "안녕하십니까?" 하고 인사한다. 이와 같은 방법은 전화를 통한 대화에서도 통하는 방법이다.

자신을 소개할 때에는 언제든지 공감을 갖고 상대방의 말에 능동적으로 귀를 기울이는 사람이 되어야 한다. 말하는 사람은 배울 수 없지만, 듣는 사람은 많은 것을 배울 수 있는 것이다.

인간은 항상 새로운 교제와 새로운 친구들을 찾는다. 낯선 사람들과도 쉽게 대화를 할 수 있다. 대화를 할 때는 상대방을 응시해야 한다. 상대방의 말에 동의를 할 수 없을지라도 상대방의 말에 귀를 기울여야 한다.

상대방을 동등한 인격자로 대해야 한다. 어리석고 무지하게 보이는 사람에게도 귀를 기울여야 한다. 이것은 그들 역시 할 말이 있기 때문이다.

상대방에게 부담을 주지 않는 범위 내에서 질문을 해야 한다. 상대로부터 특별한 자질을 발견하면 진심으로 칭찬을 해야 한다. 상대로 하여금 말을 할 수 있도록 하면 상대를 알게 된다.

쉽게 사이 좋은 인간관계를 맺도록 하는 것이 좋다. 자신의 말에 대해서 어떤 반응을 보일지에 대해서 생각하지 말아야 하며, 그들의 마음을 읽으려고 하지도 말아야 한다.

인간은 아무리 안정된 것처럼 보일지라도 자신들의 발전과 우정을 위해 새로운 사람을 사귀기를 원하는 것이다. 따라서 낯선 사람들과도 사귀는 데에 꺼려해서는 안 된다. 그런데 대부분의 사람들은 노출과 거부에 대해서 두려움을 느끼고 있다. 따라서 친구가 될 사람이나 사업의 동반자로서 또는 고객으로 사람을 만날 때에는 자기중심에서 벗어나 봉사하는 마음 자세로 대해야 한다. 관심의 대상은 자기자신이 아니라 상대방이다. 상대방에 대해서 마음속 깊이 관심을 가질 때 상대는 이것을 느끼게 된다. 그들이 비록 그것을 말로 표현하지 않을지라도 말이다.

그러나 상대방은 행동으로 나타낸다. 이와 반대로 자기자신에게만 관심이 있는 사람들과 대화를 할 때는 기분이 좋지 않은 표정이 나타난다. 이것은 "아무리 떠들어봐야 나는 관심이 없다."는 무언의 의사표시이다.

사람의 혀는 거짓말을 할 수 있다. 그러나 몸은 본능적으로 행동한다. 즉 무의식적으로 솔직하게 표현한다. 창의성에 대한 장에서 설명했지만, 왼쪽 뇌가 언어를 통해서 의사전달을 하는데 반해, 오른쪽 뇌는 몸의 언어, 표현 등의 느낌을 통해서 의사전달을 한다.

사람들은 무엇이 일어났는지 확실히 알지 못하면서도 자신들의 의도와 느낌을 전달한다. 이러한 이유 때문에 전인격에 귀를 기울여야 하는 것이다.

성공적인 의사 전달자는 모든 사람들이 서로 다르게 보고 듣는다는 것을 안다. 인간은 자신이 준 것을 되돌려 받으려는 경향이 있기 때문에 건설적이고 창조적인 생각으로 자신을 투시하는 것이 좋다. 만일 사랑받기를 원한다면 사랑스러운 언어로 말할 필요가 있다.

'커뮤니케이션'으로 성공한 사람의 이야기

위기를 노변담화를 통해 극복한 루스벨트 대통령

1933년의 미국은 상상할 수 없을 정도로 최대의 위기를 맞이하였다. 그 위기는 루스벨트 대통령이 취임을 앞둔 시점에서 극에 달했다. 정부는 경기가 안정될 때까지 은행을 폐쇄하기로 결정하였다. 바로 이 때 루스벨트 대통령은 노변담화를 시작하였다. 그것은 간단한 말로 시작되었다.

"저는 국민 여러분과 잠시 은행에 대해서 얘기하고 싶습니다."

국민들은 루스벨트의 이런 독특한 대중 연설에 점점 익숙해져 갔고, 그의 연설을 기다리기까지 했다. 마침내 사람들은 마음을 하나로 모아 두려움을 넘어 희망을 주는 목소리에 귀를 기울이기 시작한 것이다.

루스벨트의 노변담화는 대화나 좌담과 같은 보편적인 의사소통 방법에 라디오라는 특정 매체를 결합하여 성공할 수 있었다.

루스벨트는 라디오 연설에서 언어, 메시지의 내용, 그리고 연설 스타일까지 모든 것을 마치 대화처럼 만들었다.

"단순하게 서명하라. 단순하게 이야기하고 공감대를 형성하며 사람들을 진지하게 이해하라. 공통의 언어를 찾아라. 듣고 가르치고 설명하라. 말과 행동을 일치함으로써 정직하고 믿을 만한 모습을 보여주어라."

대화를 할 때 당신이 명심해야 할 것은, 진심은 대화의 통로를 열어놓게 한다는 점이다. 우리는 모두 거짓을 알아내는 데에 귀재이다. 전달하려는 메시지와 상관없이 말하는 사람이 얼마나 진정한지, 편안한지, 그리고 솔직한지 상대방은 알고 반응을 한다. 그러므로 자연스럽게 말하고, 있는 그대로 말해야 한다.
　세상은 끊임없이 변하면서 위기를 겪고 있다. 아무리 변한다고 할지라도 사람 사이에 의사소통이 중요하다는 것은 변하지 않는다.

The Ten Principle
Of Success

PART 9
반드시 이루고 말겠다는
강한 욕망을 가져라

··· Success Principle ···

1. 성공은 욕망이라는 엔진이 움직인다

훌륭한 성공학자 중에는 "꿈을 쫓지 말고 행동하라."고 말하는 사람도 있다. 물론 실행하는 일은 매우 중요하다. 그러나 실행하는 데에는 욕망으로 가득찬 자신을 만들지 않으면 안 된다. 즉 욕망이 없으면 움직여지지 않는다는 것이다. 그러기 위해서는 먼저 꿈을 가지고 간절히 바라고 원해야 한다.

왜 그럴까? 욕망의 불이 타올라야 행동으로 옮겨지며, 이 욕망의 불에 불씨를 붙이는 것은 꿈에 그리던 비전이기 때문이다.

이 움직이는 세계는 커다란 꿈을 가진 인간의 것이다. 새로운 기술의 개발, 새로운 발명과 발상으로 이제까지와는 다른 방법으로 고안해 내는 일 등 이러한 일은 인생에 있어서 언제나 갈망하는 일이다.

실업계, 금융계 특히 지도자라고 불리우는 사람은 예외 없이 큰 꿈을 갖고 있다. 꿈을 실현시키고 싶은 욕망 또한 강하다. 인류가 큰 꿈을 갖고 있지 않았다면 우리는 오늘날까지 동굴에서 살았을지도 모른다.

성공행 로켓을 발사대에 올려 놓기 위해서는 "이렇게 하지." "이렇게 하겠다."는 등의 불타는 욕망을 행동으로 연결시킬 필요가 있다.

꿈은 욕망이 선행되어야 하며, 욕망을 수반하지 않은 꿈은 힘이 없다. 방향이 없는 꿈은 실체가 없는 정신 풍토 속에서 떠돌아다닐 뿐이다.

성공의 꿈을 이루려는 불타는 욕망은 그 자체가 에너지를 발산하는 강한 힘이다. 꿈을 꾸는 인간이 목표에 도달할 수 있도록 도와주는 것이 바로 이 에너지다.

위대한 꿈이 갖는 힘을 과소평가해서는 안 된다.

존 템플튼은 고교 시절을 테네시 주의 윈체스티에서 보냈는데, 당시 그의 나이가 17세에 불과했지만, 당시 미국을 산업대국으로 만든 기업인들과 경영자들에 대해서 흥미를 가지고 있었다.

그는 언젠가 이런 대기업들의 경영자와 함께 일해 보겠다는 꿈을 품었다. 그의 나이 아직 어린 때지만 그의 인생의 목표는 그때부터 싹트고 있었다.

예일대학에 입학했다. 물론 경영과를 택했다. 경영뿐만 아니라 회사 재무구조에 대해서 알기 위해 회계학도 공부했다.

그런데 대학 2학년 때 부모로부터 좋지 않은 소식이 왔다. 경제 사정이 어려워서 더 이상 학비를 보내 줄 수 없다는 것이다. 그러나 그는 포기하지 않았다.

존은 '욕망' 덕택으로 간단히 결정할 수 있었다. 어떻게 해서든지 대학을 졸업하겠다고 결심했다. 끝내 그의 소원은 이루어졌다.

성적이 좋아 장학금을 타게 된 것이다. 아르바이트를 해서 식비를 조달할 수 있었다. 그로부터 3년 후 경영학사와 함께 명예의 로오드 장학금과 우등생 클럽인 피베트 컵의 회장이 되었고, 훌륭한 성적으로 졸업을 했다.

그 후 2년간은 영국의 옥스퍼드 대학에 유학하여 수사학을 공부했다. 이것은 훗날 경리, 재무 방면으로 전출하는 데 큰 도움이 되었다.

미국에 돌아온 존은 뉴욕으로 진출, 자기 목표를 향해 발 벗고 나섰다. 첫 진출은 어느 큰 증권회사였고 최초의 직책은 신설된 지 얼마 안 되는 투자 상담부 담당직원이었다.

그러나 얼마 안 되어 친구로부터 모 회사에서 젊은 경리부장을 한다는 얘기를 들었다. 내셔널 지오그래피컬이라는 석유 탐광회사였다. 존은 즉시 그 회사에 입사했다. 회사의 경리업무에 보다 자신이 있었기 때문이다.

4년 동안 그 회사에서 일했다. 그의 업적은 두드러진 것이었으나 최초의 투자 회사와 같은 곳에서 다시 한번 일해 볼 기회를 노리고 있었다. 드디어 그 기회는 찾아왔다.

어느 투자 상담의 베테랑이 퇴직하려고 한다는 정보를 입수했다. 그 사람은 훌륭한 단골 고객들을 갖고 있어 그 권리를 5천 달러에 판다는 것이었다.

이것은 대단한 모험이었다. 존 자신이 그 사실을 잘 알고 있었다. 5천 달러라면 지금까지 모아둔 돈을 모두 털어놓지 않으면 안 되는 것이며, 그 고객을 인계받는다 해도 그에게 확실히 인계된다는 보장도 없었다.

투자 상담이란 일은 개인적인 일이며 고객의 신용을 얻어야 한다는 직업이다. 마치 한 집안의 건강을 맡고 있는 가정의와 같은 것이다. 그러나 자기 힘으로 거부가 되겠다는 존의 야심은 여러 가지 망설임을 없앨 수가 있었다.

그리하여 그 권리를 매수하여 고객 한 사람 한 사람을 찾아 돌아다녔다. 그리고 솔직하게 자신의 모든 것을 얘기했다. 고객들은 그의 열성과 솔직함에 감명을 받고 "그렇다면 하는 수 없지요. 당분간 당신과 시험적으로 거래를 해볼 수밖에……."라고 말해주었다. 그 때 존의 나이는 28세였다.

2년의 세월이 흘렀다. 종업원의 인건비라든지 일반관리비 등을 지출하는 데 어려움이 많았다. 그리고 3년째에 겨우 싹이 트기 시작했다. 고객의 수가 부쩍 늘었다. 드디어 독립하겠다는 그의 야망이

완전히 성공을 거둔 것이다.

　오늘날 그는 탬플튼 밴즈 투자상담회사의 사장으로서 연간 수백억 달러 규모를 갖추고 있으며 또 큰 상호금융의 대표를 겸하고 있을 뿐 아니라 그 밖의 여러 개 회사를 소유하기에 이르렀다. 결국 그는 테네시의 고교시절의 꿈을 30대에 이루어낸 것이다.

　강력한 욕망이 있으면 거부의 꿈은 이루어질 수 있다. 성공이란 쟁취하려는 노력의 마음과 몸의 결정에 지나지 않는다. 그리고 이 노력은 강한 욕망에서 생기기 때문에 욕망은 운명을 개척하는 힘이 된다. 강한 욕망은 때로는 깜짝 놀랄 만한 결과를 가져온다.

··· Success Principle ···

2. 원하는 것과 욕구하는 것

수년 전의 일이다. 뉴욕의 한 병원에서 그달의 전화비가 평상시보다 엄청나게 많이 나온 것을 알고 조사를 한 일이 있었다. 원인이 아이를 낳기 위해 입원한 아이런 포드 부인의 병실이라는 사실이 밝혀지자 병원측은 놀랄 뿐이었다.

포드 부인은 아직 규모는 작지만 이제 막 성장궤도를 달리고 있는 패션 모델 중개업을 하고 있었다. 입원 중에도 평상시와 다름없이 비즈니스를 하려는 열성 때문에 병실을 임시 사무실로 하여 모델과의 계약과 알선에 계속 전화통을 쥐고 있었던 것이다.

이러한 욕망, 즉 그녀가 비즈니스를 성공으로 이끌려는 열성과 노력으로 오늘날 아이런 부부의 공동 경영체인 '포드 모델 에이젠시'는 방방 곡곡에 알려지게 된 것이다.

아이런은 성공하게 된 이유를 이렇게 설명했다.

"자기의 운명은 자기의 힘으로 개척해 나가는 것이기 때문에 스스로 욕망을 불러일으킨 것입니다. 참으로 필요한 것은 반드시 손에 들어오도록 되어 있지요. 그냥 손만 비비고 있어서는 안 됩니다. 그것을 손에 넣을 수 있도록 무엇인가 노력을 하며 열심히 일하면 반드시 내 것이 됩니다.'

욕망이야말로 거부가 될 수 있는 높은 옥탄가의 가솔린이다. 이것이 없이는 거부가 될 수 없다.

인간에게는 두 가지 종류의 타입이 있다.

첫째 타입은 태연히 앉아서 감 떨어지기를 기다리면서 화려한 장밋빛 꿈을 그리는 인간이다. 아무런 노력도 없이 물건을 손에 넣고자 하는 비위 좋은 인간이다.

둘째 타입은 행동파 인간이다. 필요하다고 강렬하게 느끼며 원하는 것을 행동으로 손에 넣는 인간이다. 실제적 행동에 스스로 투신하여 필요한 것을 획득하려고 노력을 경주하는 인간이다.

세상을 얕봐서는 안 된다. 꿈을 그대로 현실화할 수 있는 마술사는 이 세상에 없다. 그러나 마음속에 반드시 하겠다는 강한 욕망이 있으면 그것은 기적에 가까운 일을 해 준다.

원하는 것과 욕구하는 것은 다르다. 원하는 것은 영양실조를 일으킨 욕구라 할 수 있다. 원하는 것은 약한 자가 하는 짓이다. 원하는 것만으로 거부의 길을 돌진할 수 있는 힘이 생기지 않는다. 욕구하는 것이야말로 옥탄가가 높은 연료로서 성공의 길을 힘차게 드라이브할 수 있는 것이다.

중견 층의 관리자나 젊은 층의 세일즈맨들을 만나면 자주 이런 말을 듣는다.

"선생님께서는 운이 참 좋으십니다. 자기가 좋아하는 일을 할 수 있으니 말입니다. 나도 내 마음에 드는 일을 하고 싶은데 현실이 그렇게 허락하지 않는답니다."

이런 말을 들을 때마다 느끼는 것은 인간에게는 결국 두 가지 타입의 형태가 있어서, 한두 마디만 얘기를 해보면 "아, 이 사람은 말뿐인 사람으로 아무 일도 자기 힘으로는 할 수 없는 인간이로구나……"하는 사실을 알게 된다.

그는 원하고 있을 뿐 자기 힘으로는 한걸음도 나아가려고 하지 않는다. 자기가 하고 싶다고 말하면서 무엇이 하고 싶은지도 모른다.

또 그것을 자기 힘으로 찾아보려고 생각조차 하지 않는 사람이다.

스스로 원하는 것을 강한 욕구로 받아들이지 않으면서 여전히 장밋빛 꿈만 꾸고 있다. 자주성이 없기 때문에 현재의 일 가운데서도 얼마든지 다른 사람보다 뛰어날 수 있는 기회가 있는데도 못 본 체 놓치고 있는 것이다.

원하는 것을 욕구하는 것으로 전환하지 않으면 안 된다. 그러나 실망할 필요는 없다. 최초에는 막연하고 약한 '원함'이었다 할지라도 강한 욕망으로 전환시킬 수 있기 때문이다.

이 전환이 이뤄지면 앞으로 추진할 수 있는 힘이 생기기 마련이다. 원함을 욕구로 전환시키는 것은 당신도 할 수 있는 일이다.

"보다 일찍 무엇을 하고 싶은가를 잘 알고 있었다면 이제까지 허송세월을 하며 되는 대로 인생을 살아오지 않았을 텐데……."라며 후회하는 사람이 많다. 진정 바라는 것이 무엇인지 알았더라면 보다 일찍 그것을 손에 넣었음에 틀림없다.

그러나 지금까지 헛되었다 해서 과거에 사로잡히거나 좌절해서는 안 된다. 생각이 행동을 규제하는 이상, 또 생각이라는 것을 자신이 컨트롤할 수 있는 이상 욕망은 스스로 창조할 수 있는 것이다.

··· Success Principle ···

3. 욕망을 갖기 위한 방법

욕망은 개인에 따라 다르다. 욕망이란 원래 그런 것이다. 인간은 개인적인 존재에 지나지 않지만, 그래도 공동의 욕망을 각각 가지고 있다. 그렇기 때문에 우리는 서로 도우면서 살아가고 있는 것이다.

그러나 독자적인 경험을 갖고 그 경험을 통해서 거부가 되고 싶은 것도 또한 사실이다. 인간은 선택이 있는 세계에 살고 있다.

"어떤 경험을 해볼까?"라는 선택의 권리는 인간 한 사람 한 사람이 누구나 가지고 있는 것이다. 직장이나 사업의 종류를 선택할 권리도 가지고 있다. 이런 특권이 없다면 진정한 의미에서의 개인의 존재란 생각할 수 없다.

욕망이란 개인적인 경우가 많다. 이 세상에는 똑같은 인간이 공존할 수 없기 때문에 똑같은 욕망은 없다.

명확한 선택을 하면 정신이 건강해진다.

현재 자기가 처해 있는 환경이나 나이 따위는 무시하고 뭔가 되어 보고 싶고, 어느 정도의 부를 이루고 싶다고 생각하는 것에 대하여 곰곰이 생각해 보라. 온갖 제한이 뒤따를 것이다. 그러나 마음에 둘 필요는 없다.

'원하는 대로 될 수 있을까, 부러워한다고 손에 돈이 들어올 리가 없지.' 하며 여러 가지 생각이 떠오를 것이다. 할 수 없다고 내리는 이유들은 모두가 수긍할 만한 점이 있다. 그러나 단 5분만이라도 그런 이유를 잊도록 하자.

자유로우며 아무런 속박도 없다고 가정하고 자기가 선택하고 싶은 것을 종이 위에 리스트를 작성해 보라. 머리에 떠오르는 것을 무엇이든지 써보라. 선택한 것이 터무니없고 비현실적이라는 생각이 들더라도 그다지 기분이 나쁘지 않을 것이다.

리스트가 작성되었다면 내용을 검토해 보라.

첫째로 현재 경험하고 있는 것이나 상황에 관련된 것이 리스트에 끼어 있다면 그만큼 기쁜 일은 없을 것이다. 이미 자기가 하고 싶은 일을 어느 정도는 경험하고 있기 때문이다.

반대로 그러한 것이 전혀 기재되어 있지 않을 경우라도 섭섭해 할 필요는 없다. 자기 발전을 위해 이러한 경험을 해본 사람들의 약 80%는 뭔가 되고 싶다는 생각, 하고 싶다는 생각, 손에 넣고 싶다는 생각들을 자기의 현실로 여기지 않기 때문이다.

바라는 대로의 인간이 되지 않는다. 바라는 부를 이룰 수 없다는 원인은 단 두 가지밖에 없다.

① 바라는 것을 달성할 만한 힘이 자기에게 있다고 믿지를 않는다.
② 믿음이 있다 하더라도 바라는 대로의 결과를 얻을 만큼 욕망이 강하지 못하다.

욕망은 성공을 가져오는 강한 힘이 될 수 있지만, 그것을 믿을 수가 없다면 아무것도 이룰 수 없다. 우리는 자기를 위해 얼마든지 훌륭한 일을 기대할 수 있다. 그러나 단지 바라는 것만으로 끝낼 일이 아니다. 정말로 자기의 것이 된다는 믿음이 없으면 결코 욕망은 실현되지 않는다. 욕망이 가득 차 있으면 마음이 초조해지는 원인이 되며 긴장하게 된다.

욕망으로 거부가 된 사람의 이야기

자동차 왕 헨리 포드

헨리 포드는 1963년 미국이 남북전쟁의 진통을 겪고 있을 때 남부에서 태어났다. 그의 나이 12살 때 불행하게도 그의 어머니가 동생을 분만하다가 돌아가셨다. 그러나 그는 어머니에 대해서 이렇게 말했다.

"어머니는 나에게 인내심과 자제력을 가르쳐주셨다."

그의 어머니는 생존시 헨리 포드에게 인생은 늘 즐거운 것만 있는 것은 아니지만 너희들은 즐길 수 있는 권리를 가졌다고 말하면서 사회와 운명에 적응할 것을 가르쳐 주었다.

헨리 포드는 30대 중반까지 새로운 물건을 만드는 일과 생계를 이어가는 일 사이에서 왔다갔다하였다. 그러면서도 새로운 물건을 만드는 일을 생계를 이어가는 일보다 우선순위에 두었다. 그것은 그만큼 새로운 물건에 대한 욕망이 강했기 때문이다.

포드는 세상이 필요했던 것들에 대한 선견지명을 갖고 있었다. 그는 자신의 직감에 귀를 기울였고 그 직감은 정확했다. 모든 제품은 특별한 곳에서 시작하지만 결국에는 일반적인 제품으로 자리를 잡아야 성공할 수 있는 것이다. 말하자면 높은 곳에서 열매를 따기 전에 낮은 곳에서 열매를 따야 하는 것이다. 1907년에 설계되어 1908년에 판매를 시작한 그의 모델 T는 1909년까지 10,000대 판매에 불과했지만 10년도 지나지 않아 그의 자동차는 세계 시장에서 손꼽히는 자동차가 된 것이다.

헨리 포드는 에머슨이 쓴 〈자신감〉을 읽고 큰 감명을 받아 공장 노동자도 살 수 있는 자동차를 만들겠다고 굳게 결심하였다. 그리고 8년 후에 그의 약속을 지켰다.

헨리 포드는 경제적으로도 안정을 얻은 후에도 그의 욕망은 꺾을 줄 몰랐다. 그리하여 큰 규모의 투자를 계속했다. 그는 철도회사, 광석공장, 항공사 등을 사들였다. 반대 세력들이 그렇게 압력을 가해도 굽히지 않았다. 그리하여 그 시대의 사람들은 그를 가리켜 '싸움꾼 포드'이며 '욕망의 화산'이라고 불렀다.

지배하고 싶어 하는 포드의 욕망은 1919년 그가 경영권을 에드셀에게 넘겨주었을 때 잘 나타난다. 경영권을 넘겨 준 것이지 꿈을 넘겨 준 것이 아니라고 말한 포드는 다시 자동차를 만들 수 있는 권리를 얻기 위해 법정 싸움도 불사하였다. 그러나 법정 싸움에서 졌지만 욕망은 그치지 않아 마침내 1억5천만 달러에 회사를 사들여 다시 회사를 지배하게 된다.

늦게 시작하여 포드처럼 많은 업적을 남긴 사람은 드물다. 60세가 되었을 때 그는 업계의 거장이자 억만장자였으며 거물이었다. 1920년대까지 거리에 굴러다니는 자동차의 절반은 포드의 상표를 달고 다녔으며 브라질에 고무공장을 비롯하여 자동차를 운반하는 선반과 철도, 16개의 탄광, 수천 에이커에 달하는 미시건과 미네소타에 철광을 소유했다. 그가 정상에 오르자 노동자들이 그를 대통령에 출마하라고 권유했으나 자신의 지배욕망이 대통령 역할에 적합하지 않다고 판단하여 모든 정치적 욕망을 접었다.

헨리 포드의 삶은 우리에게 실패를 어떻게 성공으로 이끌었는지를 잘 보여준다. "우리는 성공에서보다 실패에서 더 많은 것을 배운다."는 포드의 말을 명심해야 한다.

The Ten Principle Of Success

PART 10
열정의 온도가
성공의 크기를 말한다

··· Success Principle ···

1. 뜨거운 열정은 감정이다

열정이란 단어는 라틴어에서 유래된 말로 '내 안에 신(神)을 둔다.'는 뜻으로, 자신 안에 있는 신은 사람을 흥분시키고 잠재력을 발휘하게 하는 원동력이 된다. 따라서 열정은 불을 기다리는 장작과 같다. 물에 젖은 장작에 불을 붙이기 위해서는 햇빛에 말려야 하듯이, 열정은 일에 대한 불씨와 같은 역할을 한다.

열정은 주위 사람에게 감염된다. 사회와 민족을 이끄는 지도자는 모두 열정을 가지고 있으며 거대한 기업을 이끄는 CEO도 불타는 열정의 소유자다.

열정은 학벌, 경험, 간판을 초월하는 능력을 낳는다. 열정은 인간으로서 생각을 초월하는 기적을 낳는다. 열정적인 리더는 비전을 창조하며 미래를 나누어 가질 수 있는 능력이 있다.

어느 분야에서 일을 하든지 무엇을 하든지 성공하기 위해서는 열정을 가져야 한다. 어떤 일을 하든지 열정 없이 했을 때는 기대할 만한 결과를 얻을 수 없다.

열정은 뜨거운 정신이다. 별 볼일 없던 일을 새롭게 변화시키는 힘이다. 열정이 넘치는 사람은 자신의 삶에서 즐거움을 찾아내고, 언제나 젊게 살아간다. 그래서 많은 사람들이 열정적으로 살아가는 사람을 부러워한다.

열정에 따라 행동하면 쉽게 집중할 수 있을 뿐만 아니라, 보다 적극적인 자세로 세상을 살아갈 수 있다. 따라서 다른 사람들과 비교할 때 뛰어난 성과를 올리고 훨씬 행복한 삶을 살아가게 된다.

··· Success Principle ···

2. 맡은 일을 열심히 한다

일을 즐겁게 하는 것은 현실을 잊을 정도로 일에 집중한다는 것이다. 쓸데없는 잡념을 떨쳐버리고 자신의 일에 최선을 다하는 것이다. 즐겁게 일하는 사람에게는 불평과 불만이 생길 틈이 없다.

이렇게 자신이 하는 일에 집중하여 열심히 할 수 있는 것은 그 일에 대하여 열정이 있을 때 가능하다. 그러므로 어차피 해야 할 일이라면 즐겁고 열정적으로 하라. 그러한 노력은 '성공'이라는 결실로 보답할 것이다.

일을 즐기는 사람이 있다. 그런 사람은 늘 표정이 밝고 일을 할 때는 열정적으로 한다. 그런 사람은 그 일에 열정을 느꼈기 때문이다.

일에 열정을 쏟아 부을수록 몸에 호르몬 분비가 왕성해져서 지치지 않고 의욕적으로 할 수 있다. 마음껏 일에 집중한 다음에 긴장을 풀면 휴식이 주는 안락함을 경험하게 된다. 이렇듯 즐겁게 열정적으로 일하면 세상을 보는 시각이 달라진다.

"기쁨은 매우 긍정적인 것이다. 이는 안전함을 줄 뿐만 아니라 따뜻한 사랑의 온기를 동반한다." 후커의 말이다.

마이크는 어렸을 때 소아마비에 걸렸다. 두 살 때부터 목발을 짚고 다니다가 열여섯 살 때부터 휠체어에 의지하게 되었다. 비록 소아마비였지만 그는 비관하거나 자기 연민에 빠져 살지 않았다. 헌신적이며 열정적이었기에 어디에 가나 환영을 받았다. 스물한 살이 되던 해 다니던 직장을 그만두고 카운슬러로 일하게 되었다. 이 회사는 1,300명의 직원이 있는 국제직장협회 지부였다. 마이크는 성심을 다해 상담했고, 그해 소네스타 비치 호텔에서 개최한 대회에서 카운슬러 상을 받았다. 장애인이었지만 헌신적이며 열정적으로 일했기에 다른 사람들보다 더 뛰어난 성과를 올릴 수 있었던 것이다.

마이크가 열정적으로 일할 수 있었던 것은 무슨 일이 있어도 이루어내겠다는 각오를 가지고 일했기 때문이다. 이처럼 열정적으로 일하는 사람에게는 육체적인 장애가 아무런 걸림돌이 되지 않는다.

성공하는 사람들을 보면 어떻게 하는 것이 더 좋은지, 지금보다 더 효율적인 방법이 무엇인지 끊임없이 고민한다. 그리고 그 해결

방법을 반드시 생각해내 실천에 옮긴다. 성공한 리더들의 가장 큰 특징 중에 하나는 강한 확신이다. '틀림없이 잘 될 거야. 나는 할 수 있어!' 라는 확신을 갖고 밀어붙인다. 확신이 있기 때문에 더 열심히 노력할 수 있는 것이다.

이들은 성과가 적다고 해서 절망하지 않는다. 어려움을 만나는 것은 새로운 장애를 만나는 것이고, 이겨낼 수 있는 특별한 열정의 시간을 만들 수 있는 좋은 기회라고 생각하기 때문이다. 이번의 실패가 다음 성공을 위한 발판이라고 생각하는 것이다. 성공할 수 있다는 확신을 갖고 최선을 다해 노력하는 것, 혹시 실패하더라도 다음 성공을 위한 준비라고 생각하고 좌절하지 않는 것, 이것이야말로 성공한 사람들의 마인드다.

성공한 사람들 중에는 어렸을 때 소심한 사람들이 많다. 그들은 대부분 정신적 훈련을 통해 자신감을 갖게 되었다.

열정이 있는 사람들을 보면 마음도 밝고 매사에 감사할 줄 안다. 얼굴 표정은 마음의 표정이므로, 마음이 밝으니 얼굴 또한 환하고 편안하다. 몸과 마음이 기쁘니 일에 집중할 수 있고 열정적이 된다.

기쁨이 사라지는 원인은 근심과 스트레스 그리고 두려움이다. 그러나 근심은 언제 일어날지 모르는 일에 대한 쓸데없는 걱정이므로 미리부터 겁먹을 필요가 없다. 스트레스는 근심보다 더 안 좋은 것으로 정서적으로 불안과 갈등을 일으키고 심해지면 질병까지 유발

할 수 있다. 그러나 스트레스를 받지 않으면서 살 수는 없으므로 스트레스에 익숙해지도록 노력해야 한다. 스트레스가 질병으로 넘어가지 않게 하려면 규칙적인 생활과 취미 생활, 대인관계 등으로 스트레스를 적당히 해소할 줄도 알아야 한다. 땀을 흠뻑 흘릴 수 있는 운동이나 친구들과의 가벼운 수다는 스트레스를 풀어주는 데 효과가 있다.

두려움은 어떤 대상에 대한 불안한 감정이다. 두려운 감정에 지배받지 않으려면 두려움의 대상을 잘 알아야 한다. 일에 대한 두려움이라면 그 일에 통달할 수 있는 전문인이 되어야 한다. 인간관계에 대한 두려움이라면 마음을 열고 진심으로 상대하자. 그리고 대인관계나 인간심리에 대한 책을 읽으면 도움이 된다.

하루하루를 근심과 걱정 속에 사는 삶은 바보 같은 인생을 살아가는 것이다. 성공한 사람들은 "걱정은 인생의 적이다."라고 말한 셰익스피어의 말처럼 걱정에 사로잡혀 신나는 일들을 외면하지 않는다.

··· Success Principle ···

3. 100퍼센트 최선을 다한다

　우리는 흔히 '인복이 있다' 는 말을 한다. 주위에 좋은 사람들이 많이 모일 때 쓰는 말이다. 그저 능력 있는 사람만이 아닌, 꼭 필요할 때 도움을 줄 수 있는 사람 말이다. 주위에 사람이 많이 모이는 리더들을 보면 밝고 긍정적이고 매사에 최선을 다하는 경향이 있다. 최선을 다하는 것은 그만큼 다른 사람에게 신뢰감을 준다. 최선을 다하는 리더에게는 아무도 부정적으로 말할 수가 없다. 그저 믿고 따를 뿐이다.

　철강왕 카네기의 묘비에는 이런 말이 쓰여 있다. "자신보다 뛰어난 사람을 능숙하게 다룰 줄 아는 사람, 여기에 잠들다."

　카네기가 얼마나 열정적이고 최선을 다하는 삶을 살았는지 알 수 있는 글이다. 카네기는 유능한 인재를 발견하는 능력이 있었고 그

인재를 다룰 줄 알았다. 실력과 성공적인 인간관계가 뒷받침하고 있었으니 카네기에게 성공이라는 단어가 그리 요원하지만은 않았을 것이다.

열정이 있는 사람들은 언제나 최선을 다한다. 자신의 일에 최선을 다할 뿐만 아니라 주변 사람들에게도 큰 힘이 되어준다. 열정이 있는 리더들과 같이 일한다는 것 자체만으로도 힘이 된다. 그들은 땀의 의미를 알고 언제 어느 순간에나 열심히 살아간다.

로버트 브라우닝은 최선을 다해 성공한 사람들을 이렇게 정의했다.

"위대한 사람은 단번에 그와 같이 높은 곳에 오를 수 있었던 것은 아니다. 다른 사람들이 잠잘 때에 일어나서 일에 몰두했을 것이다. 인생은 자고 쉬는 데 있는 것이 아니라 한 걸음 한 걸음 최선을 다해 걸어가는 데 있다."

황혼이 물드는 시간에 자신을 바라보아도 최선을 다한 삶에 후회가 없고 보람있다면 그보다 더한 성공이 어디에 있겠는가. 땀을 흘리고 난 후에 먹는 밥 한 그릇, 냉수 한 대접의 맛을 무엇에 비유할까. 삶도 마찬가지다. 매일매일 최선을 다한다면 놀랄 만한 성과가 쌓일 것이다.

증기기관차를 발명한 조지 스티븐슨은 영국 와일램에서 탄광 화부의 아들로 태어났다. 집이 몹시 가난했던 스티븐슨은 학교에 가는 대신 열두 살 때부터 아버지가 다니던 탄광에서 일했다. 열네 살 때 탄광 화부의 조수로 일했고, 열다섯 살 때 비로소 정식 화부가 되었다. 그러나 일하는 중에도 틈틈이 글을 배워 증기기관에 관한 책을 읽으면서 지식을 쌓아갔다. 스물세 살 때 킬링워스 마을의 탄광으로 옮겨 기관사가 되었으며, 서른세 살 때인 1814년에 최초의 증기기관차를 만들었다. 어려운 환경에도 집념과 열정으로 목표를 향해 최선을 다한 스티븐슨을 오늘날 사람들은 '철도의 아버지'라 부른다.

위대한 발명을 했거나 성공한 리더들을 보면 그들에게 특별한 재능이 있었던 것은 아니었다. 조지 스티븐슨이나 헬렌 켈러와 같이 환경이 좋지 않거나 치명적인 장애가 있는 경우가 많다. 다만 그들은 좌절하지 않고 미련할 정도로 최선을 다했기 때문에 세상에 이름을 남겼다.

에디슨의 경우를 보자. 그는 위대한 발명가지만 심한 건망증 환자였다. 이 때문에 학교 성적은 언제나 꼴찌였다. 학교 교육에 제대로 적응하지 못하자 어머니가 집에서 직접 가르쳤다. 특히 수학과 과학에 흥미를 느끼도록 했는데, 어머니의 사랑과 열의가 담긴 가르침 덕분에 에디슨은 점차 공부에 흥미를 느낄 수 있었다. 이처럼 재능이란 후천적으로도 얼마든지 발전시킬 수 있다.

··· Success Principle ···

4. 도전 의지가 넘친다

　이 세상의 성공 역사는 도전하는 사람들이 만들어간다. 도전 정신이 없었다면 세계적인 명작이나 예술 작품, 발명품 등이 세상에 등장하지 않았을 것이다. 도전은 새로운 변화를 만들고 '기적'이라는 이름으로 세상을 밝힌다.

　성공자들도 가끔은 스스로에게 실망하거나 좌절하는 일이 있을지도 모른다. 고생스럽게 일하는 대신 안락함에 몸을 맡기고 싶을 때도 있을 것이다. 그들은 그럴 때는 다시 한 번 자기 자신에게 소리쳤다. "나는 할 수 있어! 조금만 더 노력하면 성공할 수 있는데 지금 포기하는 건 말도 안 돼!"라고 말이다.

　성공자들은 하고 싶은 일이 있다면 어떤 순간에도 용기를 잃지 않는다. 도저히 불가능하다는 다른 사람의 말에도 귀 기울이지 않는다. 도전 의지만 잃지 않는다면 어떤 어려움이 가로막아도 반드시 목표에 도달할 수 있기 때문이다. 그런데 아주 단순한 일일지라도 지레 겁을 먹고 할 수 없다고 마음을 먹어버리면 두더지가 쌓아 올린 흙더미에 지나지 않는 작은 일도 태산처럼 커 보인다.

한 농부가 있었다. 농부의 밭 가운데는 커다란 바위가 하나 있었다. 농부는 커다란 바위를 피해서 그 주위의 밭을 갈았다. 쟁기질을 잘못해 쟁기가 바위에 부딪쳐 망가지는 일도 두 번이나 있었다. 바위를 볼 때마다 농부는 바위 때문에 얼마나 피해가 큰지 모른다며 투덜거렸다.

하루는 농부의 어린 아들이 밭에서 아장아장 걷다가 바위에 부딪쳐 상처가 생겼다. 그래서 농부는 바위를 캐내기로 결심했다. 몇 년 동안 골칫덩이었던 바위를 없애기로 한 것이다. 커다란 쇠 지렛대를 한쪽 밑에 밀어 넣었을 때 뜻밖에도 바위는 쉽게 들렸다. 바위가 아주 얕게 박혀 있었던 것이다. 겉으로는 바위가 크다고 해서 땅 속 깊이 박혀 있을 거라고 지레 겁을 먹은 농부의 경우처럼 한번 해보지도 않는다면 현실은 전혀 나아지지 않는다.

해보지도 않고 '할 수 없어'라는 단어를 자주 사용하는 사람들은 성공의 짜릿한 경험을 한 번도 하지 못한 사람들이다. 성공을 향해 도전하겠다는 확고한 의지가 있을 때 지금까지와는 다른 세계가 펼쳐진다. 도전하는 리더들은 마음속에서 끓어오르는 열정의 온도를 알기에 뒤를 돌아보지 않고 앞으로 나아간다. 열정이 있는 리더들은 기대감이 있어서 항상 설레는 마음으로 도전한다.

존 민튼 포그는 도전적인 삶을 보석에 비유했다. "인생은 험난한 노정이다. 도전은 그대를 괴롭혀 먼지 속에 사라지도록 하는 것이 아니라 반짝반짝 윤을 내 찬란한 보석이 되게 하는 것이다."

자신이 가야 할 길을 분명하게 정했다면 한계를 뛰어넘고 흐트러지지 않도록 중심을 잡아야 한다. 그러려면 헌신적으로 노력하고 끈질긴 인내심과 피나는 노력을 해야 한다. 성공을 향한 도전이 얼마나 멋지고 해볼 만한 일이라는 것을 알면 모든 일이 가능해 보인다.

메이저 리그 야구 선수로 성공적인 활동을 했던 밥 왓슨이 말했다.

"나는 경기마다 안타 두 개가 목표였다. 그 정도면 괜찮은 목표라고 생각했다. 적어도 안타 하나는 치겠다는 자세였으니까. 그런데 첫 타석과 두 번째 타석에서 안타를 치고 나면 오늘 목표는 완수했다는 생각이 들어서 긴장이 풀려버렸다. 그래서 세 번째 타석부터는 경기에 집중하지 않았다. 얼마 후 나는 내 생각이 얼마나 어리석었는가를 깨닫게 되었다. 동료인 토미는 첫 타석에서 안타를 치면 '오늘 목표는 안타 세 개.' 두 번째 타석에서도 안타를 치면 '오늘 목표는 안타 네 개.' 하는 식으로 숫자를 늘려갔다. 그의 도전 의지는 끝이 없었다."

삶은 도전이다. 성공이라는 산이 우리에게 "어서 도전해봐!"라고 말하며 손짓하고 있다. 삶을 의미 있고 가치 있게 살아가려면 도전 의지를 일깨워야 한다.

유명한 심리학자 윌리엄 제임스가 말했다.

"용사의 기분을 맛보고 싶으면 있는 기력을 다해 용사답게 행동하라. 그러면 용기가 넘쳐나 두려운 감정은 가만히 있을 수 없는 기분으로 대치될 것이다." 정신과 열정을 제대로 쏟을 때 자신도 놀랄 정도로 경이로운 힘을 발휘한다.

열정적인 삶은 도전이 있는 삶을 말한다. 용기를 내어 한 번만 더 도전하는 것이다. 도전하면 할수록 사람은 강하고 담대하게 변한다. 열심히 운동하면 건강하고 탄탄한 몸이 만들어지는 것처럼, 끊임없는 도전은 정신을 건강하고 강하게 만들어준다.

··· Success Principle ···

5. 피나는 노력을 한다

성공자들은 너무 쉽게 절망에 빠지지 않는다. 그들은 절망을 느끼면 이렇게 생각한다.

'절망은 한순간이다. 절망에서 빠져 나오기로 결심했다면 노력, 피나는 노력만이 문제를 해결할 수 있다. 열심히 노력하는 사람은 당해낼 재간이 없다. 열심히 노력하는 사람 앞에서는 어떤 고통이나 두려움도 힘을 못 쓴다. 오직 성공을 향해 박차를 가하는 촉진제만 될 뿐이다.'

피아니스트가 꿈인 소년이 있었다. 그런데 소년의 손가락이 피아노를 치기에는 너무 굵고 짧다는 음악 교사의 말에 소년은 실망하고 말았다. 실망한 소년은 코넷을 배웠으나 코넷 역시 소년에게 맞지 않는다는 말을 들었다. 소년은 다시 피아노를 시작했지만 마음속에는 항상 '내 손가락은 피아노를 치기에는 너무 굵고 짧아.' 라는 생각이 자리잡고 있었다. 그때 마침 피아니스트 루빈스타인이 보는 자리에서 피아노를 연주할 기회가 주어졌다. 소년의 연주가 끝나자 루빈스타인은 소년에게 칭찬과 격려를 아끼지 않았다. 소년은 너무 기뻐서 굳게 결심했다. '앞으로 매일 7시간씩 연습할 거야. 내 손가락이 굵고 짧은 만큼 다른 사람보다 더 열심히 노력해야겠어.' 소년은 결심대로 하루 7시간씩 피나는 연습을 했고 위대한 피아니스트가 됐다. 그가 바로 리스트 이후 그를 따를 사람이 없다는 찬사를 받은, 세계 최고의 피아니스트 파데레프스키다.

성공자들은 성공하기까지 피와 땀과 눈물을 다 쏟는다. 그들이 이루어 놓은 성공이 값지고 빛나는 이유도 그 때문이다. 인생을 살다 보면 순풍을 만나 순조롭게 흘러가기도 하지만 폭풍우를 만나고 태풍을 만날 때도 있다. 성공자들은 이 폭풍우와 태풍에 맞서 열심히 싸웠다. 노력과 열정이라는 무기로 맞서 싸워 값진 성공을 만들어낸 것이다.

자신의 일에 열중하고 있는 성공자들은 누가 봐도 멋지다. 이들은 뚜렷한 목표가 있기에 남들이 자고 쉬는 동안에도 열심히 노력한다. 열심히 하면 할수록 일에 재미가 붙고 자부심도 생긴다. 페트 노드버그의 경우를 살펴보자.

페트 노드버그는 장시간의 수술 끝에 겨우 생명을 건졌지만 실어증에 걸리고 근육에도 문제가 생겨 활동도 자유롭지 못했다. 실어증으로 인해 말도 할 수 없었고 과거의 기억도 잊어버렸다. 페트는 직장에 나가고 싶었지만 그녀를 받아주는 곳이 없자 정신박약아들을 도와주기로 결심했다. 이 일을 하는 동안 페트는 목표가 생겼다. 정신박약아들을 위해 상담하고 치유하는 것이었다. 우선 페트는 1단계 목표로 운전면허를 따기로 결심했다. 그녀는 2년 동안 하와이 훌라 춤을 배우고 연습하면서 운전면허증을 따는 데 성공했다. 2단계 목표는 대학을 졸업해 상담자 면허증을 따는 것이었다. 그녀는 피나는 노력 끝에 2단계 목표도 이루었다. 목표를 향한 불붙는 열의가 실어증과 신체 부자유를 극복하고 정신박약아들의 부모와 상담할 수 있는 일을 할 수 있게 만든 것이다.

땀과 눈물과 피를 흘려가면서 쟁취한 성공만이 의미가 있다. 노동의 기쁨을 알아야 한다. 열심히 일하는 기쁨 속에서 성공에 대한 집념과 근성을 배우게 된다.

제시 오웬스라는 소년이 있었다. 어느 날 찰리 패독이라는 유명한 육상 선수가 학교를 방문해서 강연을 하고 있었다. 강연 도중에 찰리는 제시를 향해 물었다. "너는 어떤 사람이 되고 싶니?" 제시가 대답했다. "아저씨처럼 유명한 육상 선수가 되고 싶어요!" 그러자 패독은 제시에게 이런 말을 해주었다.

"꿈을 가지는 것만으로는 이룰 수가 없단다. 꿈을 이루기 위해서는 반드시 사다리를 놓아야 한단다. 첫 번째 계단은 인내고, 두 번째 계단은 헌신이고, 세 번째 계단은 훈련이고, 네 번째 계단은 기도란다. 이것들을 모두 지킬 때 네 꿈은 이루어질 것이다.

이 말을 들은 제시 오웬스는 어떤 어려움이 있어도 육상 선수가 되기를 포기하지 않았다. 피나는 노력만으로 올림픽에서 네 개의 금메달을 목에 건 가장 빠른 사람이 되었다.

··· Success Principle ···

6. 전력투구한다

열정은 전염성이 강해 주위 사람을 열정적으로 만든다. 사장이나 팀장이 열정적이면 그 회사원 모두가 열정적이 되며, 팀장이 열정적인 사람이면 그 팀원 모두가 열정적인 팀원이 된다. 그리하여 모두가 열정적이 되어 일에 대한 의욕이 넘치고 따라서 능률도 오르게 된다. 그러나 한 사람이 열정이 없으면 주위 사람들도 함께 열정을 잃게 된다.

누구나 삶에 열정을 쏟으면 기쁨이 넘치고, 없던 힘도 생기고 잠재되어 있던 능력도 깨어난다. 자연스럽게 주변 사람들도 관심을 갖게 되고 사람을 끌어당기는 힘을 만들어 성공하는 계기를 만들어준다. 소극적이었던 사람이 열정을 갖게 되면 적극적인 사람이 되고, 가난한 사람도 가난을 이길 수 있는 힘을 갖게 된다.

미국 뉴욕의 한 사무실에서 베드포드가 사환으로 일을 하고 있었다. 그는 할 일을 마치고 남들이 퇴근을 하는데도 퇴근을 하지 않고 자신이 할 수 있는 일이 없는지 찾아서 일을 했다. 출납계원이 바쁘게 계산하고 있으면 도와주고 옆에서 잔심부름도 자진해서 했다. 그의 열정에 감탄한 회계사는 베드포드에게 회계업무에 대해서 가르쳐 주었다. 그 후 얼마 후에는 베드포드는 출납 대리를 맡을 수 있을 정도로 실력이 늘었다. 회계사는 다른 회사로 옮기면서 자신이 있던 자리에 베드포드를 추천하였다. 베드포드는 훗날 뉴저지에 있는 석유회사 사장이 되었다.

열정만 있으면 언제든지 당신은 변화를 할 수 있다. 열정이 있으면 삶에 힘이 넘치기 때문이다. 그러나 자신이 가지고 있는 모든 것을 걸지 않으면 안 된다.

열정은 쏟으면 쏟을수록 성취했을 때의 기쁨과 만족은 더 커지게 마련이다.

만약 지금 당신의 삶에서 재미를 발견하지 못했다면 생활을 점검해 볼 필요가 있다.

꿈과 목표가 있는지, 그리고 그 꿈과 목표를 이루려는 열정이 있는지 말이다.

후회하지 않는 삶을 살기 위해서는 열정, 용기 그리고 도전이 필요하지만, 그 중에 적어도 꿈과 목표, 그리고 열정만 있으면 최소한 무의미하고 재미없는 삶을 살지 않게 될 것이다. 무력감은 의지가 빈약한 데서 비롯되지만 무엇보다도 삶에 대한 열정이 없을 때 생기는 것이다.

자신의 일이 원하는 방향으로 풀리지 않고 있다면 현재를 열심히 살아라. 내일을 기약하면서 현재 최선을 다해 살면 나아갈 방향을 알 수 있게 된다. 그리고 목표가 확고하게 정립되었다면 쓸데없는 걱정은 하지 않는 것이 좋다. 비록 힘들어서 휘청거릴 때가 있더라도 반드시 일어나게 될 것이다.

이스라엘인으로 유명한 학자 아카바라는 사람이 있다. 그의 저서로는 〈아카바의 선물〉이 있는데, 그 책의 내용은 부자가 되는 방법을 얘기를 통해서 나타내는 것으로 우리나라 독자들에게도 많이 알려져 있다. 그는 원래 배우지 못한 어느 부잣집 하인이었다. 그런 하인이 부잣집 주인의 딸을 사랑하게 되면서 딸과 함께 쫓겨나는 신세가 되었다. 아카바는 주인집 딸과 부부의 인연을 맺고 산 지 얼마 안 되어 그의 부인이 그에게 공부를 하라고 권했다. 그러나 그 때 그의 나이 이미 중년을 넘어서고 있었다. 그러므로 이제 늦게 무슨 공부냐며 아내의 부탁을 거절하였다.

그러던 어느 날 그가 양을 치러 갔다가 목이 말라 바위틈에 흐르는 물을 마셨다. 그런데 바위에 조그마한 구멍이 보였다. 그가 자세히 보니 위에서 흐르는 작은 물방울이 단단한 바위에 구멍을 내고 있는 것이 아닌가? 그것을 보는 순간 그의 가슴에 뭔가가 느껴지는 것이 있었다. '그렇다 지금이라도 나는 늦지 않다. 공부를 하면 나도 훌륭한 사람이 될 수 있다.' 이때부터 아카바는 밤낮을 가리지 않고 열심히 공부하여 마침내 이스라엘 뿐만 아니라 세계적으로 인정받는 유명한 학자가 되었다.

그는 나이를 불문하고 열정을 쏟으면 성공할 수 있다는 좋은 모델이 된 것이다.

나이가 많다거나 형편이 어렵다고 포기하고 어영부영 세월을 보내지는 않는지?

일단 시작부터 해 보라. 나이가 많다면 다른 사람보다 그만큼 더 노력하면 되는 것이오, 형편이 어렵다면 가능한 것부터 시작해 보는 것이다. 뜻이 있으면 길이 있다고 좋지 않은 상황을 극복하고 열정을 쏟아 부으면 뜻밖에도 길이 열리는 법이다.

··· Success Principle ···

7. 숨어 있는 열정을 찾아내는 6가지 기술

　누구에게나 열정은 있다. 단지 드러낼 기회를 만나지 못한 것뿐이다. 그렇다면 잠재된 열정을 찾는 여행을 떠나 보자.

　첫째, 살아오면서 자신도 놀랄 정도로 열정적인 순간이 어떤 일을 할 때였는지 스스로에게 물어라. 어린 시절 좋아했던 일은 무엇이었는가? 커서 어떤 사람이 되고 싶었는가? 시간 가는 줄 모르고 열정적으로 했던 일이 있었는가? 지금 하고 싶은 일은 무엇인가? 스스로에게 이런 질문들을 던져라.

　둘째, 가까운 친구나 배우자, 가족 등에게 자신의 장단점이나 재능, 능력 등에 관해 물어라. 가깝게 지내는 사람이 자신도 모르는 자신에 대해 더 잘 알고 있을 수 있다.

셋째, 동호회나 취미 생활을 적극적으로 즐겨라. 좋아하는 일 중에서 열정을 발견하기 쉽다.

넷째, 배우고 싶은 강좌를 수강하라. 대학원에 들어가거나 학원 강좌를 수강해도 좋다. 새로운 경험은 숨어 있는 열정을 자극하는 데 도움이 된다.

다섯째, 사회생활에 적극적으로 참여하라. 사회생활을 하면 자신이 어떤 일을 잘하는지, 어떤 성향의 사람인지 좀더 객관적으로 바라볼 수 있게 된다.

여섯째, 여행, 독서 등 자신의 내면을 바라볼 수 있는 시간을 가져라. 여행은 세상을 넓게 바라볼 수 있는 안목을 키워주고, 독서는 새로운 아이디어와 다른 사람의 삶을 엿볼 수 있는 기회를 준다.

사무엘 울만은 말했다. "세월은 피부에 주름살을 만드나 열정을 포기하는 것은 영혼에 주름살을 만든다. 열정이 스위치를 끌어당긴다."

'열정'의 원리로 성공한 사람의 이야기

미국의 16대 대통령 아브라함 링컨

미국의 16대 대통령 링컨은 누군가에게 보낸 편지에 이렇게 유년 시절의 기억을 회고했다.

"어린 시절, 내 아버지는 시애틀에 있는 거의 돌밭이나 다름없는 한 농장을 헐값에 사들이셨네. 하루는 어머니가 아버지께 농장에 있는 돌덩이들을 모두 치워 버리는 것이 어떻겠냐고 말씀하셨지. 그러자 아버지는 옮길 수 있는 돌이었으면 전 주인이 벌써 옮겼지 왜 자신에게 팔았겠냐며 극구 반대하셨네. 심지어는 그 돌덩이들이 큰 산과 이어져 있다고까지 주장하셨지. 그러던 어느 해, 아버지가 말을 사러 잠시 먼 길을 떠나 계실 때였다네. 때마침 우리 형제를 데리고 농장에 일하러 가셨던 어머니는 이참에 농장에 있는 돌덩이들을 모두 치워 버리자고 하시더군. 결국 우리는 하나씩 치워 나르기 시작했고 그리 오래 걸리지 않아 농장에 있는 돌덩이들을 모두 치워 버렸네. 그런데 모두 치워 놓고 보니 그것들은 그저 30센티미터만 파내려 가서 쉽게 옮길 수 있는 돌덩이에 불과하더군."

링컨은 편지의 말미에 이런 내용도 덧붙였다.

"어떤 일을 할 때 아예 시작도 해 보지 않고 불가능하다고 생각하며 일찌감치 포기하려는 사람들이 있네. 하지만 대다수의 경우 불가능하다는 생각은 인간의 머릿속에서부터 만들어진다네. 그들에게는 열정이 없기 때문이지."

링컨의 일화는 우리에게 큰 깨달음을 준다. 여러분 주변에는 능력이 없거나 혹은 조건이 여의치 않아 할 수 없다고 말하는 사람들이 있다. 하지만 실제로는 내면의 자아가 자신에게 할 수 없다고 스스로 한계를 정하고 포기하게 만드는 것이다. 따라서 우리는 잠재력을 최대한 발휘하여 눈부신 성과를 이룰 수 있도록 반드시 열정을 가지고 일해야 한다.

에필로그

지금 이 순간을 당신 자신에게
가장 진실한 순간으로 만들어라

    생의 도전과 목적에 대한 반응이 있다는 것은 우리로 하여금 적대감과 투쟁에 맞설 수 있게 만드는 연고이다. 생이 있는 곳에는 희망이 있다. 희망이 있는 곳에는 꿈이 있다. 생생한 꿈이 반복되면 그것이 목표가 된다. 목표는 행동 계획과 경쟁 계획이 된다. 승리자는 목표 내적인 연관 구조를 지니게 되면 성취가 자동적으로 이루어진다는 것을 잘 알기 때문에 계획을 세세하게, 그리고 치밀하게 짜낸다.

    당신은 어떤 종류의 목표를 가졌는가? 많은 사람들에게 있어서, 목표가 하루를 소일하는 것일 경우, 결과로 그들은 하루를 소일하기에 충분한 에너지와 기량을 얻는다. 그들의 목표가 텔레비전을 보는 것일 경우, 그들은 자신들의 목표를 하나도 가지지 않은 채, 멍청하게 앉아서 밤이면 밤마다 텔레비전이나 보고 탤런트들이 돈을 벌거나 목표, 직업을 추구해 나가는 것을 지켜보는 것이다. 사람은 그가 가장 골몰하는 바 대로 되는 것이기 때문에 지금 무엇을 생각하든 간에 그는 무의식적으로 그 생각을 성취하고자 하는 방향으로 움직인다. 만약 알코올을 생각하면 다음에는 술을 마실 가능성이 높아진다. 마약에 대한 생각을 하면 다음은 주사를 맞을 것이다. 이혼, 파산, 발병 등은 모두 부정적이고 소극적인 태도와 버릇의 소산이다.

만약 당신이 은퇴하고 싶다면 한번 더 생각해 보는 것이 현명하다. 왜냐하면 진정한 은퇴라는 것은 당신이 손에 백합꽃을 쥐고서 관 쪽으로 똑바로 눕는 것이기 때문이다.

우리는 모두 다 삶에서 성공할 수 있는 기회나 능력을 가지고 있다. 나쁜 생을 살아가자면 훌륭한 삶을 살아가는 것만큼이나 노력과 정력이 든다. 그럼에도 불구하고 수많은 사람들은 자기가 만든 감옥 속에서 하루하루, 일 년 일 년을 근근히 좌절한 채로 이어가면서 불행하고 목적없는 삶을 지탱하고 있다. 패배자란 그네들이 자유롭게 내릴 수 있는 선택을 결정하지 않았던 사람들이다. 그들은 자유로운 사회속에 살면서도 그들의 삶과 관련지어 무엇을 해야겠다고 결심하지 않은 것이다. 그들은 무슨 일이 벌어질 것인지를 보기 위해서 일하러 간다. 그리고 가서 보는 것은, 그리고 일어나는 일은 다른 사람의 목적이 달성되도록 제 시간을 사용하여 주는 것이다.

토마스 카알라일은 인간을 배에 비유했다. 인간의 약 95% 정도는 조타기가 없는 배에 비유될 수 있다. 풍향과 조수에 밀려서 그들은 아무도 도와주는 이가 없는 상태에서 표류한다. 그들은 언젠가는 부유하고 성공이 있는 항구에 도달하겠지 하고 바라지만, 결국은 암초에 좌초되거나 바닷속으로 침몰하고 만다.

그러나 성공하는 5%의 사람들은 목적지를 결정하고 경로를 따라서 똑바로 항해하는 것을 배우고 익힌 사람들로서 차례대로 항구에 도착하고 다른 사람들이 일생을 걸려서 완성하는 것을 몇 년 만에 성취해 버린다. 선장들은 특히 다음에 가야 할 항구를 잘 알고 있다. 비록 그들이 목적지에 관해서 98%를 알 수는 없다고 하더라도 그것이 무엇이고 자신들이 어디에 있으며 눈에 보이지 않는 어떤 위험이 도사리고 있는 지를 알고 있기 때문에 매일 일정한 방식으로 어떤 일을 지켜 나가기만 하면 반드시 도착하게 된다.

지금 이 순간을 당신 자신에게 진실한 순간으로 만들어라. 그리고 당신 자신은 인생을 싼 값에 팔았음을 인정하라. 당신은 수천 번의 생애 동안 이용할 수 있는 것보다 더 많은 환경적이고 신체적이며 지적, 영혼적인 능력을 경험할 기회를 지니고 있음을 인정하라. 당신의 생애에서 얻을 수 있는 가능성과 대안을 향하여 당신의 렌즈를 열어라.

역자 후기

　적극적 사고, 적극적 행동, 적극적 목표 등 적극적이란 단어를 우리는 자주 사용하고 있다. 아니 너무 자주 쓰는 것 같아 약간 흔한 감마저 든다. 그러나 하나뿐인 인생을 적극적으로 살아간다는 것은 매우 소중하다.

　우선 인간은 태어나기 이전 그러니까 선천적으로 남다른 장점을 하나씩은 가지고 태어난다고 한다. 조물주가 한 인간을 잉태시킬 때 '이놈은 노래를 잘 부르는 소질을 주어야겠다' 해서 가수의 소질을 가진 사람은 자기 소질을 적극적으로 개발하여 가수로 성공하는 것이 아닐까.

　우리는 어릴 때 아무데서도 특별히 배운 것도 없는데, 노래를 잘 부르는 아이, 달리기를 잘 하는 아이, 싸움을 잘 하는 아이, 학예회에서 연기를 잘하는 아이 등등의 소질을 한 가지씩은 다 가지고 태어난 것 같다. 그런데 이와 같이 자기가 가지고 있는 소질을 적극적으로 개발한 사람은 자기가 좋아하는 일을 향하여 성공하게 되는 것이다.

　그러나 주먹을 잘 써서 싸움의 소질을 가진 사람은 자기를 어떻게 개발하는가에 따라 엄청난 결과의 차이를 만들어낸다는 것이다.

즉 한 사람은 사람을 때리는 소질을 나쁜 방향으로 개발하여 깡패나 불량배가 되어서 마침내 범죄에 가담하여 전과자의 오명을 갖게 되지만, 다른 한 사람은 자기의 소질을 열심히 갈고 닦아 복싱 선수가 되어 세계에서 이름을 날리게 되며 국가로부터 연금을 받는, 성공한 사람이 되었던 것이다. 이 두 사람은 모두 국가로부터 보호를 받는 사람임에는 틀림이 없으나 같은 소질을 가진 사람으로서 그 결과는 엄청난 차이를 만들어 내었던 것이다.

인간은 어떻게 하여야 자기를 올바로 개발하고 성공 인생으로 만들어 갈 수 있을까?

위와 같은 의문을 쉽게 그리고 조리 있게 풀어 놓은 책이 바로 웨이틀리 박사의 '성공의 10대 원리'이다.

성공자가 되기 위해서 필요한 원리는 학자마다 사람마다 다르다. 어떤 원리가 가장 정확한 원리라고 말하기가 힘들다. 그러나 가장 체계적이고, 구체적이며, 어느 누구에게나 공감을 얻을 수 있는 원리가 적합한 원리가 아닐까?

본서의 저자 데니스 웨이틀리 박사는 본서를 통해서 성공의 원리를 10가지로 구분하여 설명하면서 탁상 이론이 아닌 자신이 훈련을 통해서 실제 체험한 이론을 바탕으로 원리를 제시했다.

본서는 성공에 대한 단순한 이론서가 아니라 행동을 하면 그대로 된다는 지침서이다.

이 책이 독자들로 하여금 성공인생이란 것을 어렵지 않게 이해하고 일상생활의 변화를 일으키며 성공인생을 향한 자기 변신의 기회를 만들 것이라고 확신한다.

　우리는 의식개혁이란 단어를 자주 쓰고 있다. 그리고 의식개혁을 위하여 극기훈련을 하기도 하고 미친 사람처럼 외치기도 한다. 그러나 이러한 훈련방식은 동적인 방식으로서 효과는 당장 일어날 수 있는 것 같지만 얼마 안 가서 원상복귀되어 버리고 만다. 동적인 행동 변화만으로 불가능한 것 같다. 바로 이 책은 정적인 행동 변화를 같이 유도하고 있다. 아무튼 이 책이야말로 적극적 인생에 대하여 재미있고 일상생활에 와 닿도록 감각적으로 표현하고 있어서 마지막 페이지를 넘길 때까지 독자의 손에서 떨어질 수 없으리라 의심치 않는 바이다.

　　　　　　　　　　　　　　　　　　　　　　　　편역자